光をくれた犬たち
盲《もう》導《どう》犬《けん》の一生

今西乃子・著
浜田一男・写真

委託式《いたくしき》

盲導犬候補《もうどうけんこうほ》の「コンフィ」。
生後2か月のラブラドール・
レトリーバー。

盲導犬《もうどうけん》パピー（子犬）の委託式《いたくしき》。B《ビー》15胎《たい》のゴールデン・レトリーバーの子犬と、コンフィのいるC《シー》15胎《たい》のラブラドール・レトリーバーの子犬が、それぞれのパピーウォーカーに託《たく》される。

昼寝《ひるね》をする洋介《ようすけ》と
コンフィ。

パピーウォーカー①

知里《ちさと》に連れられて、
お散歩デビュー。

パピーウォーカー②

コンフィ、ただいまいろいろ勉強中！

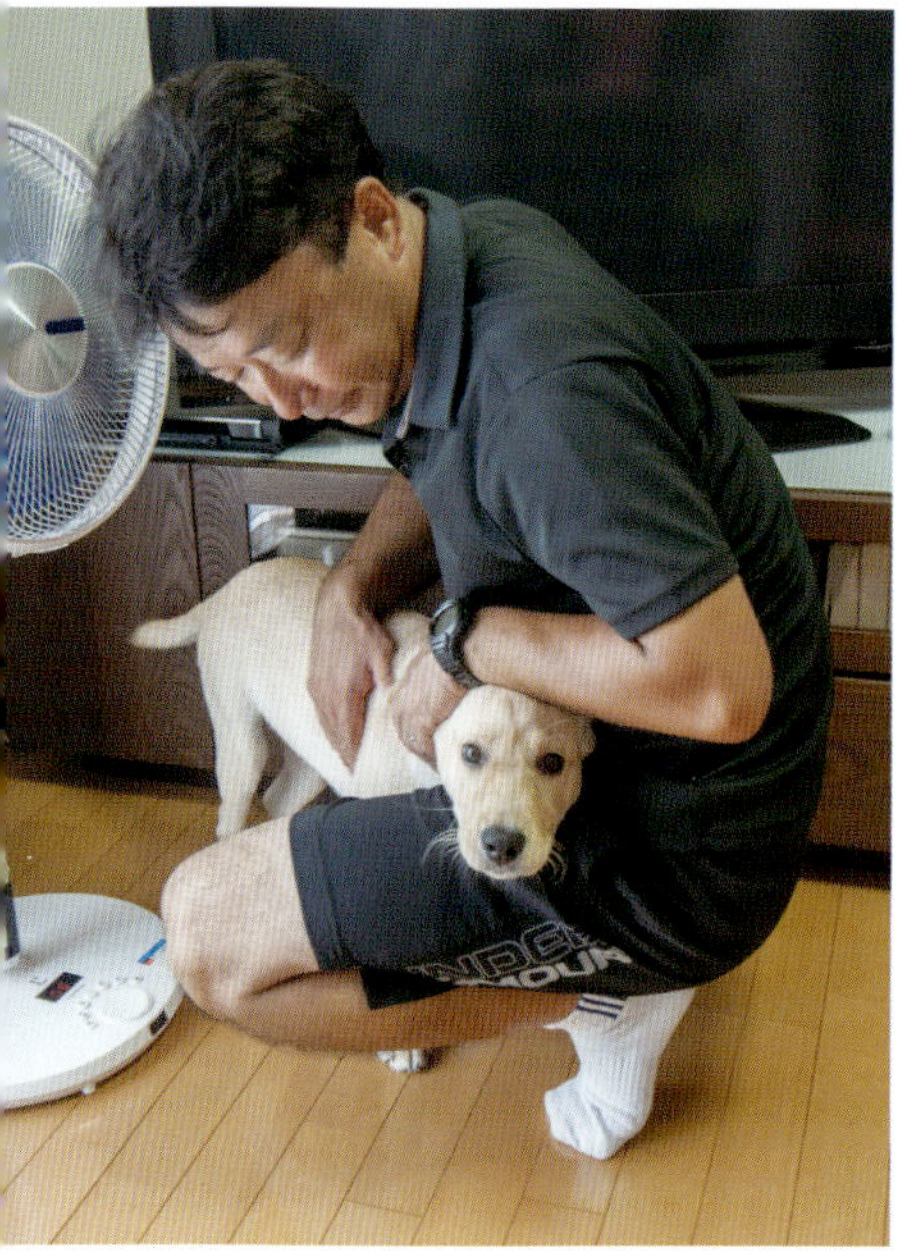

光弘《みつひろ》と遊ぶコンフィ。

恵子《けいこ》に初めてシャンプーされる。

洋介《ようすけ》とにらめっこ。

恵子《けいこ》の行う福祉授業《ふくしじゅぎょう》に、
サプライズで登場した
コンフィ。

コンフィのパピーウォーカー、
野村《のむら》一家。

コンフィとのお別れの朝。

修了《しゅうりょう》式《しき》

コンフィの兄弟が集合。写真右から、兄弟のコーデ、コンフィ、姉妹のココ。立派《りっぱ》な盲導犬《もうどうけん》を目指す。

子犬たちはすっかり大きくなり、今日でパピーを卒業。

アイジュの担当《たんとう》訓練士・渋谷《しぶや》智子《ともこ》さん。

盲導犬《もうどうけん》訓練所でトレーニングを受けるアイジュ。

盲《もう》導《どう》犬《けん》になる訓練

遊ぶことも、静かに待つことも大切なトレーニング。

盲導犬《もうどうけん》ユーザーの望月《もちづき》さん夫婦《ふうふ》と、盲導犬《もうどうけん》・エース。ふたりで１頭の盲導犬《もうどうけん》を使う「タンデム歩行」をする。

盲導犬《もうどうけん》ユーザー

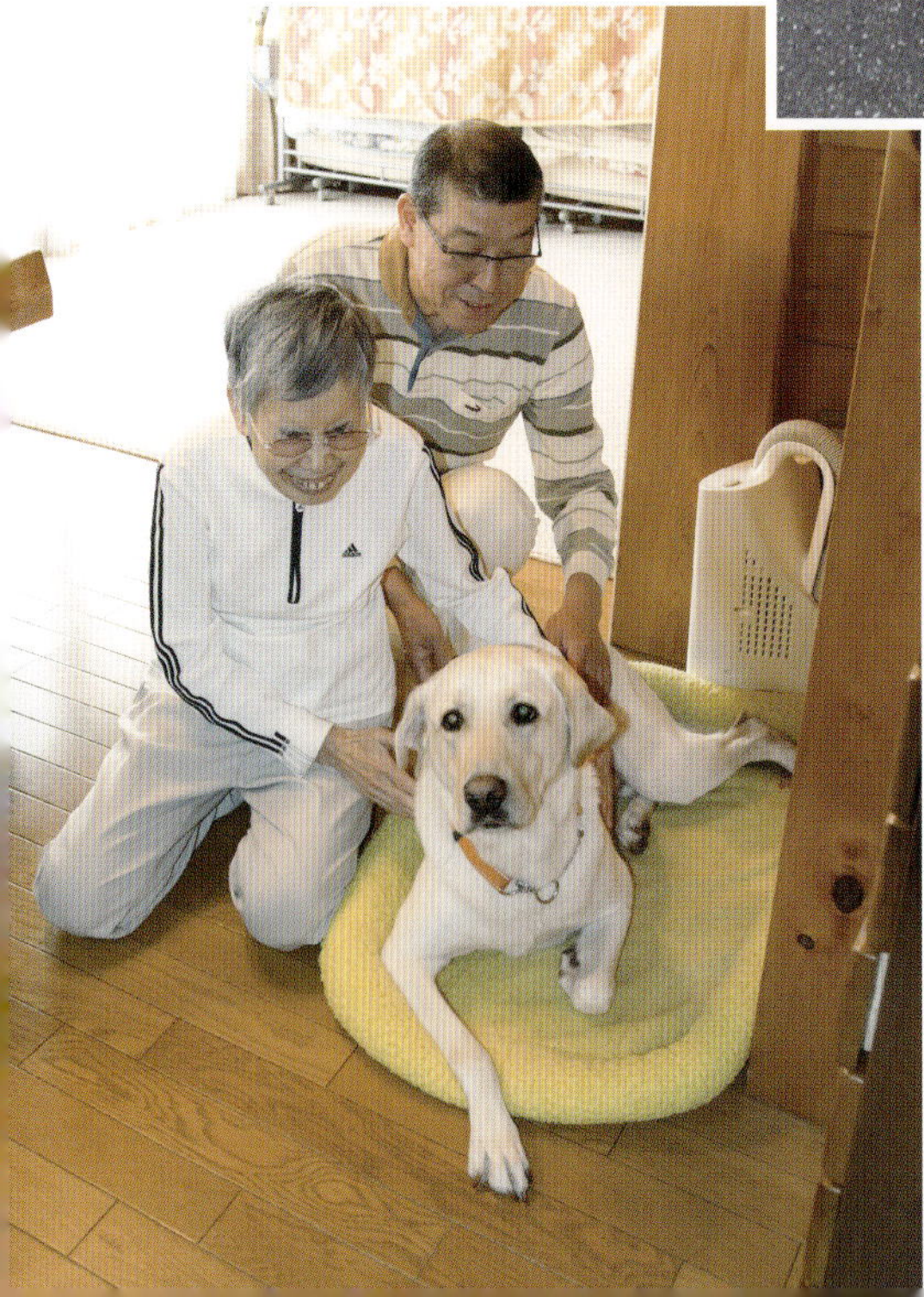

家にいるときはゆっくり、のんびり過《す》ごしている。

光をくれた犬たち
盲《もう》導《どう》犬《けん》の一生

もくじ

プロローグ　パピーウォーカーになる

こわい。体が重い――。目が見えないって、こういうことなのか。

それでも、手さぐり、足さぐりで、何とか次の一歩をふみ出す――。

子犬のコンフィが、普段《ふだん》とはちがうぼくの様子を心配してか、周りをヒタヒタとついてきているのがわかる。

住み慣《な》れているはずの家なのに、リビングから和室まで行くのに、かなり時間がかかってしまう。人間が、どれだけ視覚《しかく》にたよっているのかがわかった。

ぼくの、初めてのアイマスク体験だった。

今、ぼくの家では、盲導犬《もうどうけん》のパピーウォーカーをしている。

盲導犬《もうどうけん》は、人の目の代わりになって、目の不自由な人を安全に導《みちび》くのが仕事。

でも、盲導犬《もうどうけん》がいっしょでも、痛《いた》ましい事故《じこ》が起きている日本の現状《げんじょう》。

目の不自由な人、盲導犬《もうどうけん》を連れた人が歩きやすい社会になるには、もっと、人と人とが心を通わせ、つながることが大切なんだ。

人が、やさしい目を社会や人に向けることができるようになれば、だれもが住みやすい日本になるのかな。街で体の不自由な人を見かけたら、まずは、心に寄《よ》りそうんだ。

「何か、お手伝いできることがありますか？」

自分から進んでいえる人に、ぼくはなりたい。

コンフィも、１年後には、訓練所にもどって訓練するんだな、仕事をしていくんだなと考えると、ほこらしい反面、手が届《とど》かなくなってしまうようで、なんだかさびしい。

ぼくたち家族と離《はな》れてからも、たくさんの人に愛情《あいじょう》をもらって、大きくなっていくコンフィ。

訓練士さんやユーザーさんには、ちょっとやきもちをやいちゃうけれど、今はまだまだぼくの犬！

「人間が大好きな犬に育ててくださいね」

コンフィを初めてむかえ入れた日、盲導犬《もうどうけん》協会の人がいったように、ぼくは、今日もコンフィと思い切り遊ぶ!

大きなたれ耳をひらひらさせて走ってくるコンフィを、ぼくは大げさすぎるくらいいっぱいほめる。

「グッド! グッド! コンフィ〜! グッド!」

〈＊読書感想文のうち、一部分のみ抜粋《ばっすい》〉

水海道《みつかいどう》小学校四年　野村洋介《のむらようすけ》

子どもにとって、最もやっかいな夏休みの宿題《しゅくだい》のひとつ、「読書感想文」。息子《むすこ》が書いた感想文を読み終えた恵子《けいこ》は、原稿《げんこう》用紙をていねいに折りたたむと、リビングのテーブルに置いた。が、すぐにコンフィがその原稿《げんこう》用紙のにおいをかぎ始めたのを見て、コンフィの届《とど》かない場所に原稿《げんこう》用紙を移動《いどう》させた。

コンフィのお昼寝《ひるね》タイムは終了《しゅうりょう》したようだ。

野村家《のむらけ》にやってきた、盲導犬候補《もうどうけんこうほ》の子犬「コンフィ」。

その気配に気づいたのか、夏休みを満喫《まんきつ》していた洋介《ようすけ》が、自分の部屋からリビングに下りてきて、「お母さん、感想文どうだった?」と聞いた。

「うん！　よく書けていたよ！」

恵子《けいこ》の家がパピーウォーカーを始めたこともあって、洋介《ようすけ》は、盲導犬《もうどうけん》について書かれた本を読書感想文を書くのに選んだのだった。

お世辞ではなく、恵子《けいこ》は、洋介《ようすけ》の感想文の出来にちょっとした感動を覚えていた。

20歳《さい》のころ、あの耳鼻科《じびか》で診察《しんさつ》を受けた後に決心したことが、今さらながら思い出される。教師《きょうし》になって「やさしいクラス」をつくり、やさしい子どもたちを育てると、心にちかったあの日から、長い年月が経《た》っていた。

恵子《けいこ》は、ほとんど聞こえていない自分の左耳をそっとなでながら、あの日の出来事を思い出していた。

それは、恵子《けいこ》がまだ小学校一年生のときのことだった——。

「左の耳が、はっきり聞こえてないようだね……」

小学校の聴力検査《ちょうりょくけんさ》で、校医にそういわれた恵子《けいこ》は、小さく首をかしげた。

まだ、入学して間もない時期のことだ。

（そうなのかなあ……）

他《ほか》の人と比《くら》べることができないので、どれくらい自分の耳が聞こえていないのかが、よくわからない。

学校から帰って、そのことを母親にいおうかどうか迷《まよ》ったが、恵子《けいこ》はいうのをやめた。

日常生活《にちじょうせいかつ》に特に支障《ししょう》はなかったし、何より母親が心配すると思ったからだ。

しかし、小学校も低学年から中学年になり、高学年になるころには、会話もより複雑《ふくざつ》になる。

ときには、声をひそめて相談事を話し合うこともある。

特に聞こえづらいと感じたのは、相手が恵子《けいこ》の左側にいる状態《じょうたい》で、話を聞くときだった。

左なめ後ろから声をかけられると、まったく気づかない。

そのころから、恵子《けいこ》は、なるべく友達の左側へとまわって、コミュニケーションをとるようになった。

人の口元を見て、言葉を読み取るクセができたのも、このころだ。

やっかいだなと思ったのは、このころ「伝言ゲーム」という耳元でささやく遊びがはやったことだ。しかし、周りの雰囲気《ふんいき》に合わせることで、うまくごまかすことができたため、担任《たんにん》もふくめ、恵子《けいこ》の耳の不自由さに気がつく人はいなかった。

学校での生活は、いたって普通《ふつう》で楽しかった。仲のいい友達もいた。左耳が聞こえないために生活に支障《ししょう》が出ることは、それほどなかった。

そんな恵子《けいこ》が、初めて自分の左耳についてくわしく調べてみようと思ったのは、20歳《さい》の誕生日《たんじょうび》をむかえた後だった。成人になった記念に、自分の耳のことをきちんと知っておきたいと思ったのだ。

耳鼻科《じびか》での検査《けんさ》の結果、恵子《けいこ》の左耳の聴力《ちょうりょく》は72dB（デシベル）だということがわかった。70～80dBの音といえば、ホームに電車が入ってくるときの音のレベルだ。つまり、恵子《けいこ》の左耳は、そのくらいの音がうっすらわかる程度《ていど》しか聞こえていないということだった。

一般《いっぱん》に、人間のささやき声が25～30dBで、会話が45～60dBといわれているので、恵子《けいこ》の左耳は、耳元で大きな声で話をしないと聞き取れないレベルということになる。

恵子《けいこ》の場合、それを正常《せいじょう》な聴力《ちょうりょく》の右耳で補《おぎな》っているにすぎなかった。

「原因《げんいん》は何ですか」

聞いてみたが、はっきりとした原因《げんいん》はわからなかった。

何とも言葉にできない気持ちが、恵子《けいこ》の中にわき上がってきた。

そんな恵子《けいこ》の様子を見てとったのか、診察室《しんさつしつ》を出る前、年老いた医師《いし》は、恵子《けいこ》の目をまっすぐに見て、こういった。

「……絶対《ぜったい》に、お父さん、お母さんをうらんではいけないよ」

その言葉に恵子《けいこ》ははっとして、ためらうことなく「はい」と返事をした。

医師《いし》が大きくうなずいて、にっこりと静かに笑った。

その夜、恵子《けいこ》は、電話で母親に左耳のことを正直に伝えた。

母親が「ごめんね……」とぽつりといった。

「大丈夫《だいじょうぶ》だよ」

そう答えたとき、耳鼻科医《じびかい》の笑顔《えがお》が頭にはっきりとうかんで消えた。

あの先生に診察《しんさつ》してもらって、本当によかった――。

恵子《けいこ》は、あの医師《いし》のやさしさに心から感謝《かんしゃ》した。


やがて、恵子《けいこ》は大学の授業《じゅぎょう》の合間をぬって、手話教室に通い始めた。

最も楽しかったのは、「手話で歌を歌う」という体験だった。

耳の聞こえない人が「音を楽しむ」とは、どういうことなのか――。

「音」そのものが聞こえなくても、手話や体感でリズム・テンポを目で感じ、音を想像《そうぞう》の世界で楽しめるのだ。

聴覚障《ちょうかくしょう》がい者《しゃ》は、「目」で見ることで、音の世界を想像《そうぞう》することができる。

では、視覚障《しかくしょう》がい者《しゃ》はどうなのだろう――。

恵子《けいこ》の中に、ふとそんな疑問《ぎもん》がよぎった。

視覚障《しかくしょう》がい者《しゃ》は、「耳」で聞くことで、色や世の中の景色を想像《そうぞう》するのだろうか。手話を完璧《かんぺき》にマスターすると、今度は、視覚障《しかくしょう》がい者《しゃ》のことも知りたいと恵子《けいこ》は思うようになった。そして、「見えない」という障壁《しょうへき》がある世界は、どのようなものなのかと考えるようになった。

同時に、障《しょう》がいのない、聞こえる、自分の片方《かたほう》の耳のことを思った。聞こえる右耳が、聞こえない左耳のぶんまで働いてくれている。右耳の力が左耳に寄《よ》りそい、「あんたのぶんまで、がんばるよ！」と一所懸命《いっしょけんめい》、音を集めてくれている。

しかし、両耳が全く聞こえなければ、たよれるべき耳はない。そうなると、たよれるのは文字や手話となるが、手話は言葉のように万人《ばんにん》が理解《りかい》できるものではない。手話を習い、使いこなせる人が多くなれば、そのぶん聴覚《ちょうかく》に障《しょう》がいをもつ人の世界は広がる。聞こえない人が、聞こえる人に合わせることは無理だ。また、見えない人が、見える人に合わせることも不可能《ふかのう》だ。ならば、積極的に寄《よ》りそうべきは、耳が聞こえ、目が見える健常者《けんじょうしゃ》であることはいうまでもない。

そう考えると、何気なく始めた手話が、大きな使命を帯びているように思えた。手話が完璧《かんぺき》であれば、まちがいなく聴覚障《ちょうかくしょう》がい者《しゃ》の助けとなるはずだ。

たかが自分ひとりであるが、みなが「自分ひとりでも」という気持ちで、手話を習得すれば、それだけコミュニケーションの可能性《かのうせい》は広がる。

恵子《けいこ》は、そのとき、もうひとつの大きな使命が自分にあることに、ふと気づいた。

それは、恵子《けいこ》が教師《きょうし》になる夢《ゆめ》をもっていることだった。教師《きょうし》になるために、文学部の初等教育を専攻《せんこう》していた。

そのわけは、恵子《けいこ》が小学一年生のときの担任《たんにん》との出会いにさかのぼる。


そのころの恵子《けいこ》は、学校給食が苦手でいつも残してばかりいた。

給食を残す子に、担任《たんにん》は「赤いシール」をはりつけた。

給食を全部きれいに食べる子は、「青いシール」である。

担任《たんにん》にとっては、「がんばろう」というはげましだったのだろうが、幼《おさな》い恵子《けいこ》には、それが大きな負担《ふたん》となった。

「自分だって、がんばって食べているのに……」

そのとき、恵子《けいこ》は、自分が大人になったら、子どもの気持ちを理解《りかい》できる学校の先生になりたいと思ったのだった。

自分のクラスをもって、だれに対しても思いやりをもてる「やさしいクラス」をつくる——。

これが、小学校一年生の恵子《けいこ》の夢《ゆめ》となった。

その思いは固く、目指した大学に無事進学を果たすことができた。

今、思えば、これは運命だ——。

小学校一年生で、左耳の障《しょう》がいがわかり、ときを同じくして、そのころに教師《きょうし》という夢《ゆめ》をえがいた。

「やさしいクラス」とは、まさに、障《しょう》がい者《しゃ》に対しても差別や偏見《へんけん》をもたず、相手に寄《よ》りそえる子どもを育《はぐく》む――、ということではないだろうか。

そこに障《しょう》がい者《しゃ》がいても、教室でおもらしをする子がいても、まちがいや失敗をする子がいても、きらったり、笑ったり、無視《むし》したりせず、みんなで協力して助け合えるクラスこそが、自分が目指すクラスなのではないか。

しかし、普通《ふつう》の小学校の中では、聴覚障《ちょうかくしょう》がい者《しゃ》や視覚障《しかくしょう》がい者《しゃ》と直接《ちょくせつ》ふれあえたり、いっしょに学んだりする機会はほとんどない。見えないことや聞こえないことを体験することはないまま、みな大人になっていく。

ならば、自分が障《しょう》がい福祉《ふくし》のことを勉強して、体験して、学校の授業《じゅぎょう》の中でそれらを取り入れればいい。子どもたちに自分が伝えていけばいい。

大学を卒業して教師《きょうし》になれば、その夢《ゆめ》は実現《じつげん》できるのだ。

そう思ったとたん、聞こえない「左耳」が愛《いと》しくなってきた。この耳が、自分に天命をあたえてくれたのだ。そして、大きらいだったあの担任《たんにん》が、それほど悪く思えなくなってきた。あの教師《きょうし》が担任《たんにん》でなければ、自分は教師《きょうし》になろうとは思わなかっただろう。

「やさしいクラス」をつくることができれば、その子どもたちが、10年後、20年後にかがやく世界を必ずつくってくれると恵子《けいこ》は思った——。

「※光陰矢《こういんや》のごとし……か……」

あれから20年以上が過《す》ぎていた。

恵子《けいこ》は、洋介《ようすけ》の感想文をもう一度手に取ると、原稿《げんこう》用紙に書かれた洋介《ようすけ》の鉛筆《えんぴつ》の文字を、ゆっくりとていねいに目で追った。

大学を出て、教師《きょうし》となって初めての担任《たんにん》となった一年生のクラスでは、耳の不自由な人たちのことを知ってもらうため、手話を子どもたちに教えることができた。その2年後には、手話に加え、視覚障《しかくしょう》がい者《しゃ》を理解《りかい》してもらうため、「アイマスク給食（見えない状態《じょうたい》で食べる給食）」を取り入れた。

29歳《さい》で結婚《けっこん》をして、娘《むすめ》の知里《ちさと》と3歳《さい》下の息子《むすこ》の洋介《ようすけ》にもめぐまれた。それからもずっと、教《きょう》師《し》として小学校で福祉授業《ふくしじゅぎょう》を続けてきた。

※月日が過《す》ぎるのは、矢が飛ぶように早いということ。

恵子《けいこ》の初めての福祉授業《ふくしじゅぎょう》、「手話」で歌を歌った小学校一年生たちは、今では30歳《さい》くらいになっているはずだ。

そして、恵子《けいこ》には、子どもが生まれてから、どうしても家族みんなで取り組みたい「福祉《ふくし》ボランティア」があった。

それが「盲導犬《もうどうけん》のパピーウォーカー」だ。

恵子《けいこ》が最初に福祉授業《ふくしじゅぎょう》をした子どもたちが、このことを知ったら、笑いながら「やっぱりね」というだろう。恵子《けいこ》はそんなことを考えながら、洋介《ようすけ》の感想文を何度も読み返した。

盲導犬《もうどうけん》は、洋介《ようすけ》が感想文で書いたとおり、視覚障《しかくしょう》がい者《しゃ》の目の代わりとなって、人の歩行を安全に導《みちび》く役目を果たす犬で、すぐれた盲導犬《もうどうけん》の血統《けっとう》を引きついだ子犬の中から選ばれる。その多くがラブラドール・レトリーバーという犬種だが、候補《こうほ》の子犬すべてが盲導犬《もうどうけん》になれるわけではない。

盲導犬《もうどうけん》としての適性《てきせい》と作業の質《しつ》を、訓練士が見極《みきわ》め、進路を決定するが、誕生《たんじょう》から寿命《じゅみょう》を終えるまで、その命のバトンは、実に多くの人間たちの手と愛情《あいじょう》によってつながれていく――。

そのバトンを最初にわたされるのが、恵子《けいこ》たち一家が行っている「パピーウォーカー」だ。

これは、盲導犬《もうどうけん》を育成する「日本盲導犬《もうどうけん》協会」で生まれた子犬を、生後2か月から1歳《さい》になるまで預《あず》かって世話をする「一時預《あず》かり」のボランティアである。

子犬は、あくまでも自分の犬ではなく盲導犬《もうどうけん》協会の犬なので、世話の仕方も協会の手順どおりにやらなくてはならない。さまざまなルールもある。

子犬のかわいい時期だけ預《あず》かれるので、楽しいように思えるが、現実《げんじつ》はそんな簡単《かんたん》なものではない。恵子《けいこ》のパピーウォーカーへの思いも、「かわいいから」とか「犬が好きだから」という単純《たんじゅん》なものではなかった。

どんな人がいても、どんなことが起きても、相手のことをきちんと思いやれるやさしい子どもたちを育てる――という20歳《さい》のころのゆるぎない思いを持ち続けていたからだ。

障《しょう》がい者《しゃ》に対して、家族みんなで協力してできる社会貢献《こうけん》がしたい――。

その答えが、盲導犬《もうどうけん》のパピーウォーカーだったのである。

となりで元気にコンフィとじゃれあう洋介《ようすけ》を見て、恵子《けいこ》は洋介《ようすけ》が書いた感想文を思い出し、パピーウォーカーをやって、本当によかったと思った。

言葉にしなくても、「やさしい社会」の意味を、洋介《ようすけ》はきちんと理解《りかい》しているようだ。

「コンフィ〜！　グッド！　グッド！」

洋介《ようすけ》の声が、笑顔《えがお》と共に家中にひびく——。

その声を聞いて、知里《ちさと》も自分の部屋から出てきて、コンフィと遊び始めた。

コンフィが、おもちゃをくわえて、耳をひらひらさせて、首を左右にぶんぶんふっている。

笑顔《えがお》と笑い声が家中にあふれた。

訓練士に、最初にいわれた言葉がよみがえる——。

〝たくさんほめて、たくさんかわいがって、人間といることが大好きな犬に育ててくださいね。パピーウォーカーさんの一番大切なお仕事です。〟

コンフィと遊ぶ洋介《ようすけ》と知里《ちさと》。たくさん遊んで、たくさんほめて、人間が大好きな犬に育てることがパピーウォーカーの仕事。

コンフィは、これから人間のために働き、人間の安全を守り、人間とずっといっしょに暮《く》らすことになる。


いっしょにいる相手を好きになれる。

いっしょにいる相手を信頼《しんらい》できる。

いっしょにいる相手を助けたいと思う。


生きる上で、こんなに大切なことが他《ほか》にあるだろうか。

そして、こんなに幸せなことがあるだろうか。

コンフィの幸せは、自分たち家族にかかっている。

コンフィが人間のことを大好きになるためには、一番近くにいる自分たち家族のことを最初に大好きになってもらう必要があった。

そのとき、恵子《けいこ》は思った――。

どうしてわたしたち人間は、こんな大切なことに、なかなか思いがいたらないのだろう。

どうしたら、子どもたちに、この大切な思いを上手に伝えられるのだろう……。


いっしょにいるクラスの子を好きになれる。

いっしょにいるクラスの子を信頼《しんらい》できる。

いっしょにいるクラスの子を助けたいと思う。


恵子《けいこ》が何もいわなくても、自分の受けもつクラスの子どもたちが、自然とそう思えること。

これが、真の「やさしいクラス」なのだ。

1．子犬が我《わ》が家《や》にやってきた！

子犬のコンフィがやってきたのは、洋介《ようすけ》が読書感想文を書くのに選んだ本を、ちょうど読み終えた7月30日土曜日のことだった。

その日は、朝からぬけるような青空で、パピー委託式《いたくしき》が始まる午前10時には、気温はすでに35度をこえていた。

茨城県《いばらきけん》つくばみらい市を出発した恵子《けいこ》たち一家は、首都高速道路で行楽渋滞《こうらくじゅうたい》に巻《ま》きこまれたが、開始時間の20分前には神奈川県横浜市《かながわけんよこはまし》にある日本盲導犬《もうどうけん》協会神奈川《かながわ》訓練センターに無事到《とう》着《ちゃく》することができた。

「どんな子がくるのかな～……」

洋介《ようすけ》が、いつもの能天気《のうてんき》な様子で独《ひと》り言《ごと》をいった。

「考えても、自分たちで選べないんだから、仕方ないよ。今日、わかるんだから。発表を待つしかないよ」

姉で、しっかり者の中学校一年生の知里《ちさと》がしらっと答えた。

しかし、知里《ちさと》も、内心はいてもたってもいられない。

今日から、家に子犬がくるのだ。

知里《ちさと》のいったとおり、パピーウォーカーは、自宅《じたく》で預《あず》かる子犬の犬種も色も性別《せいべつ》も、自分たちで選ぶことはできない。知らされているのは、「C《シー》15胎《たい》」ということだけだ。

年間、日本盲導犬《もうどうけん》協会が出産させる子犬の数は１２０頭ほど。どの母親の子犬で、どの血統《けっとう》かをすぐに判断《はんだん》するため、アルファベットで血統《けっとう》や出産情報《じょうほう》を管理する。

例えば、同じ母犬から同じ日に生まれた子犬６頭を、アルファベットのA胎《エーたい》とした場合、この子犬の兄弟は、すべてA《エー》から始まる名前（例：Arthur《アーサー》）をつける。

その後に、他《ほか》の母犬から生まれた子犬はB胎《ビーたい》とされ、兄弟はすべてB《ビー》から始まる名前（例：

Bonnie《ボニー》）となる。そして、順番にC胎《シーたい》、D胎《ディーたい》、……という具合だ。

これがA《エー》からZ《ズィー》まで一巡《いちじゅん》すると、A《エー》2胎《たい》、B《ビー》2胎《たい》となる。恵子《けいこ》たちが預《あず》かる子犬はC《シー》15胎《たい》なので、C《シー》はすでに15周していることになる。

アルファベットは全部で26文字あるが、そのうちの命名が困難《こんなん》と思われるアルファベット（Q《キュー》、X《エックス》、Z《ズィー》等）は使用しない。また、場合によっては、他《ほか》のアルファベットも飛ばすことがあるので、実際《じっさい》は20～23文字となる。

1頭の母犬が一度に出産する数を仮《かり》に6頭とすると、１２０～１４０頭の子犬が生まれた時点で、アルファベットが一巡《いちじゅん》する計算になる。


「名前は、どの名前になるのかなあ……」

知里《ちさと》が心配そうにいった。

C《シー》15胎《たい》の子犬を預《あず》かることが決まっているので、名前は必ずC《シー》から始まる名前でなければならない。その名前の候補《こうほ》を考えるのも、パピーウォーカーの役目だ。

恵子《けいこ》たち一家は、事前にC《シー》から始まる名前を10ほど考えておくように協会からいわれていた。そして、家族全員で考えた名前リストを事前に提出《ていしゅつ》したのである。

名前は、その10個《こ》の中のひとつになるはずだが、どの名前になるのかも訓練士から発表されるまでわからない。

「クローバーがいいなあ」リストに入れたひとつを知里《ちさと》があげた。

「いやだよ！　クローバーなんて！　葉っぱみたいだ！」洋介《ようすけ》が口をとがらせた。

「ぼくは、チャーリーかなあ」

「おれはコーディ」恵子《けいこ》の夫で、同じく学校の教師《きょうし》をしている光弘《みつひろ》がいった。

「わたしはシナモン……」恵子《けいこ》たち一家と同居《どうきょ》している、恵子《けいこ》の母のたま子《こ》がいった。

料理が得意なたま子《こ》らしい選択《せんたく》だと恵子《けいこ》は思った。

「わたしは……」

恵子《けいこ》も、知里《ちさと》と同じくクローバーに賛成《さんせい》だが、名前はともかく、男の子の子犬がいいなあと思っていた。

パピーの委託式《いたくしき》は、午前10時ちょうどに始まった。

まずは、集まったパピーウォーカーたちの自己紹介《じこしょうかい》だ。

この日、委託式《いたくしき》に集まったのは7家族。つまり、今日委託《いたく》される子犬の数は7頭ということになる。この日の子犬は、B《ビー》15胎《たい》がゴールデン・レトリーバーのオス4頭で、恵子《けいこ》らが預《あず》かるC《シー》15胎《たい》が、ラブラドール・レトリーバーのオス1頭とメス2頭。

恵子《けいこ》の家にくるのは、このラブラドール・レトリーバー3頭のうちの1頭となる。

しかし、まだ、子犬たちの姿《すがた》は会場にはない。

「ああ～、早くこないかなあ……。」洋介《ようすけ》が、だれにいうともなくつぶやいた。

「しいっ！　ちゃんと訓練士さんの説明を聞いて！」知里《ちさと》が弟をたしなめた。

いよいよ預《あず》かり先と子犬の名前が発表される。

B《ビー》15胎《たい》のゴールデン・レトリーバーの色は、4頭ともゴールド。

「ベレット、バルダー、ブラン、ベンジー、……」

訓練士が、犬の名前と預《あず》かり先の名前を、次々とホワイトボードに書きこんでいった。

B《ビー》胎《たい》なので、当然すべての犬の名前はB《ビー》から始まる。

「このB《ビー》胎《たい》には、もう1頭ボビンという女の子がいたのですが、体調が万全《ばんぜん》ではないので、委《い》託《たく》は後日です。今日は参加していません」訓練士がいった。

B《ビー》15胎《たい》は、全部で5頭いたということになる。

B《ビー》15胎《たい》が終わり、C《シー》15胎《たい》の番になった。

C《シー》15胎《たい》のラブラドール・レトリーバーは、黒のオス、黒のメス、イエローのメスの全３頭。

「あー、どの子がくるんだろう……。男の子なら、黒ってことね」

恵子《けいこ》は大興奮《だいこうふん》した。洋介《ようすけ》も知里《ちさと》も、ホワイトボードにじっと見入っている。

「このC《シー》15胎《たい》のラブラドール・レトリーバーのお母さんの名前はネル、お父さんはハルクといいます。子犬のお誕生日《たんじょうび》は２０１６年６月４日です」

「男の子のブラック、コーデ君。女の子のブラック、ココちゃん」

「それから、女の子のイエロー、コンフィちゃん。パピーウォーカーさんは野村《のむら》さんです」

恵子《けいこ》の家にくる子犬は、ラブラドール・レトリーバーのイエローで女の子。名前はコンフィ。体重は、現在《げんざい》4・35キログラムだという。

これは、恵子《けいこ》らが、「心地《ここち》よい」「くつろいだ」という意味を辞書で調べて、候補《こうほ》リストにあげた名前だった。

「コンフィ……」知里《ちさと》がうれしそうにつぶやいた。

興奮《こうふん》が冷めない中、訓練士が、少しいたずらっぽい笑顔《えがお》を交えて、会場を見わたした。

「それでは……、いよいよ、みなさんのパピーとのご対面です」

やがて、委託《いたく》会場の後ろのドアが開いた。

「わあ……」

大きな声を出すと、子犬たちがおどろくことはみな承知《しょうち》だ。

歓喜《かんき》の声をあげたいのを我慢《がまん》したが、それでも喜びのため息が会場にひびきわたった。

ドアの向こうに、ケージをのせた、大きなカートがふたつ見えた。

委託式《いたくしき》で登場したコンフィ（写真中央）。兄弟のコーデ、姉妹のココといっしょ。

そのひとつにB《ビー》15胎《たい》のゴールデン・レトリーバーの子犬が4頭、もうひとつのカートにコンフィをふくむC《シー》15胎《たい》のラブラドール・レトリーバー3頭がちょこんと乗っていた。

カートがおされ、コロコロと会場へと入ってきた。

洋介《ようすけ》が目をくりくりさせて、「ひゃあ！　やばい！」といった。

「しいっ！　子犬がびっくりするよ！」知里《ちさと》が人差し指を口に当てて、洋介《ようすけ》をにらんだ。

「でも、かわいすぎる……」

「あれが、コンフィ……」

知里《ちさと》も、大声でさけびたいのをおさえるのがやっとだ。

そのため、自然と大きなため息がもれた。

3頭のうち、イエローのラブラドール・レトリーバーはコンフィだけなので、すぐわかる。

みな小さくて、ころころ。まるまるしていて、ぬいぐるみみたいだ。

「かわいい」以外の言葉は見つからない。

子犬たちは、静岡県富士宮市《しずおかけんふじのみやし》にある日本盲導犬総合《もうどうけんそうごう》センター盲導犬《もうどうけん》の里「富士《ふじ》ハーネス」で生まれた後、生後約2か月でパピーウォーカーのもとに預《あず》けられ、愛情《あいじょう》たっぷりに育てられる。パピーウォーカーは盲導犬《もうどうけん》を育成するためのボランティアで、子犬とパピーウォーカーが初めて対面するのが、この委託式《いたくしき》だった。

「今日から、家族の一員だね」

恵子《けいこ》が、知里《ちさと》と洋介《ようすけ》にいった。

子犬は、これから1歳《さい》になるまで、恵子《けいこ》らパピーウォーカー宅《たく》で過《す》ごすこととなる。

名前を呼《よ》ばれたパピーウォーカーたちは、前に出て、1頭ずつ訓練士から子犬を受け取った。パピーウォーカーたちは、みなとろけるような笑顔《えがお》で、子犬を胸《むね》に抱《だ》いた。

「野村《のむら》さん！」

恵子《けいこ》たちは、家族全員で前に行き、コンフィを受け取った。コンフィは眠《ねむ》いのか、目をしばしばさせている。

その後、子犬の抱《だ》き方《かた》や、体調確認《かくにん》のためのマッサージの仕方、遊び方、トイレトレーニングのやり方などを、ひととおり訓練士から学んだが、コンフィはずっと寝《ね》てばかりだ。

コンフィの姉妹のココは、元気いっぱい。キャンキャンほえている。

兄弟のコーデも、元気に歩き回っている。

同じ兄弟でも、性格《せいかく》はまるでちがう――。コンフィはといえば、委託式《いたくしき》の最初から最後まで、すやすや……。

（ずいぶん、おっとりしている子だな……）

これが、コンフィに抱《いだ》いた恵子《けいこ》の最初の印象だった。


コンフィは、とにかくよく寝《ね》る子だった。

恵子《けいこ》の家にきてからも、食べるか寝《ね》るか……。

「子犬って、こんなに寝《ね》るの……」洋介《ようすけ》が、物足りなさそうにぽつりといった。

訓練士によると、コンフィもふくめ、兄弟は、富士《ふじ》ハーネスにいたころから、よく寝《ね》る子たちだったらしい。

エネルギッシュで、人を見ると遊びたがる犬もいれば、おっとりした犬もいる。

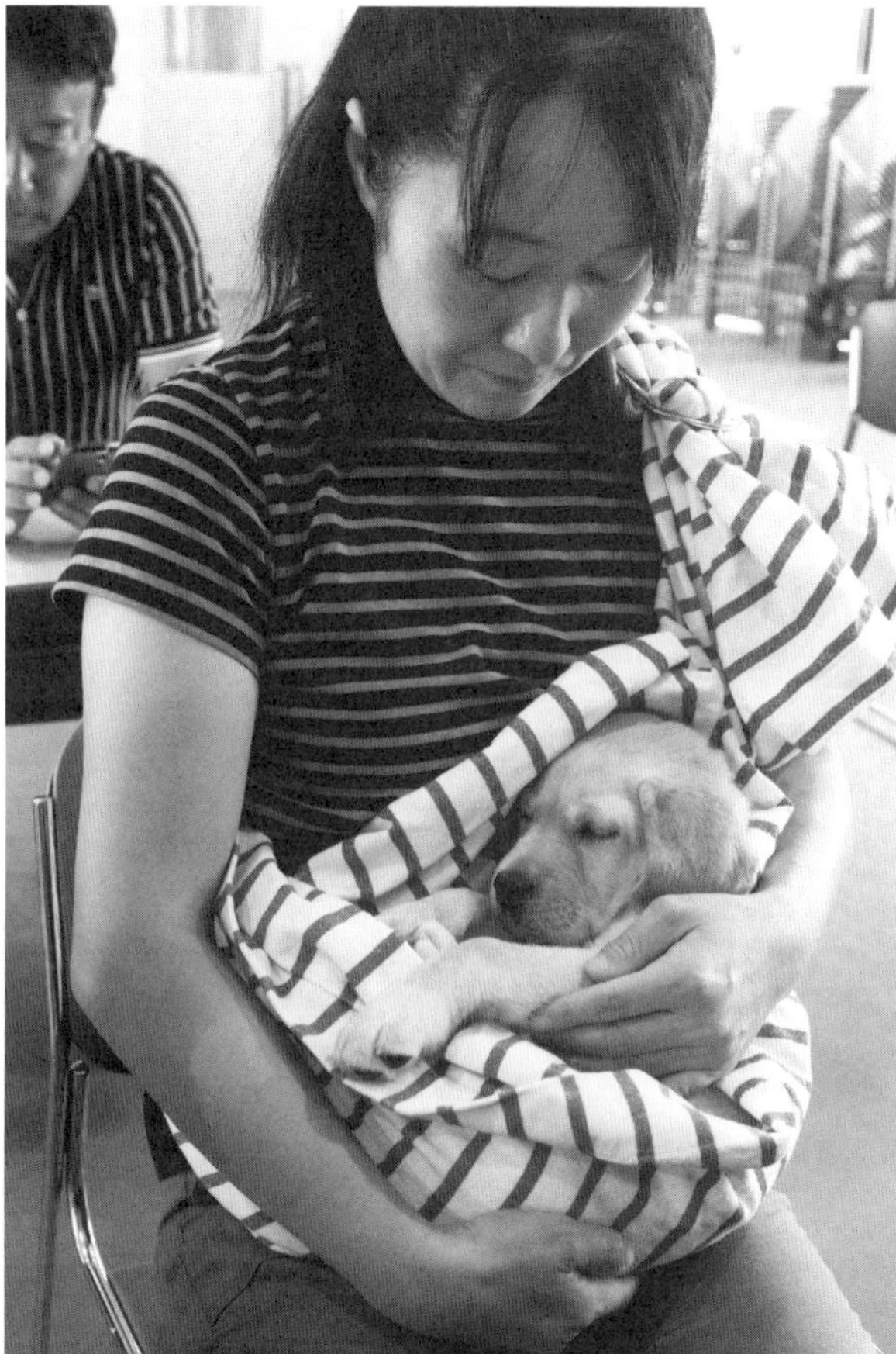

委託式《いたくしき》で恵子《けいこ》に初めて抱《だ》っこされても、すやすやと寝《ね》ているコンフィ。

「犬も、人間と同じで性格《せいかく》があるんだよ」

恵子《けいこ》は洋介《ようすけ》にいった。

とにかく、コンフィが訓練所に帰るまでの10か月間に、やらなくてはならないことがたくさんある。まずは、トイレトレーニング。

盲導犬《もうどうけん》として働くようになれば、当然、排泄《はいせつ》は自由にできない。視覚障《しかくしょう》がい者《しゃ》である盲導犬《もうどうけん》ユーザーの合図で排泄《はいせつ》できるよう、トレーニングしなくてはならないのである。

これを「ワンツートレーニング」といい、人間が「ワン・ツー」と声をかけることが、「トイレしようね」の合図だ。盲導犬《もうどうけん》協会では、この「ワン・ツー、ワン・ツー」のかけ声で、犬の排泄《はいせつ》をうながすよう指導《しどう》している。犬は、もともと排便《はいべん》コントロールができる動物なので、健康状態《じょうたい》に支障《ししょう》がない限《かぎ》り、排便《はいべん》のタイミングを人間がうながすのは、それほど難《むずか》しいことではない。

「これがトイレの合図だよ」とさえ、きちんと伝えることができれば、犬はそのタイミングで

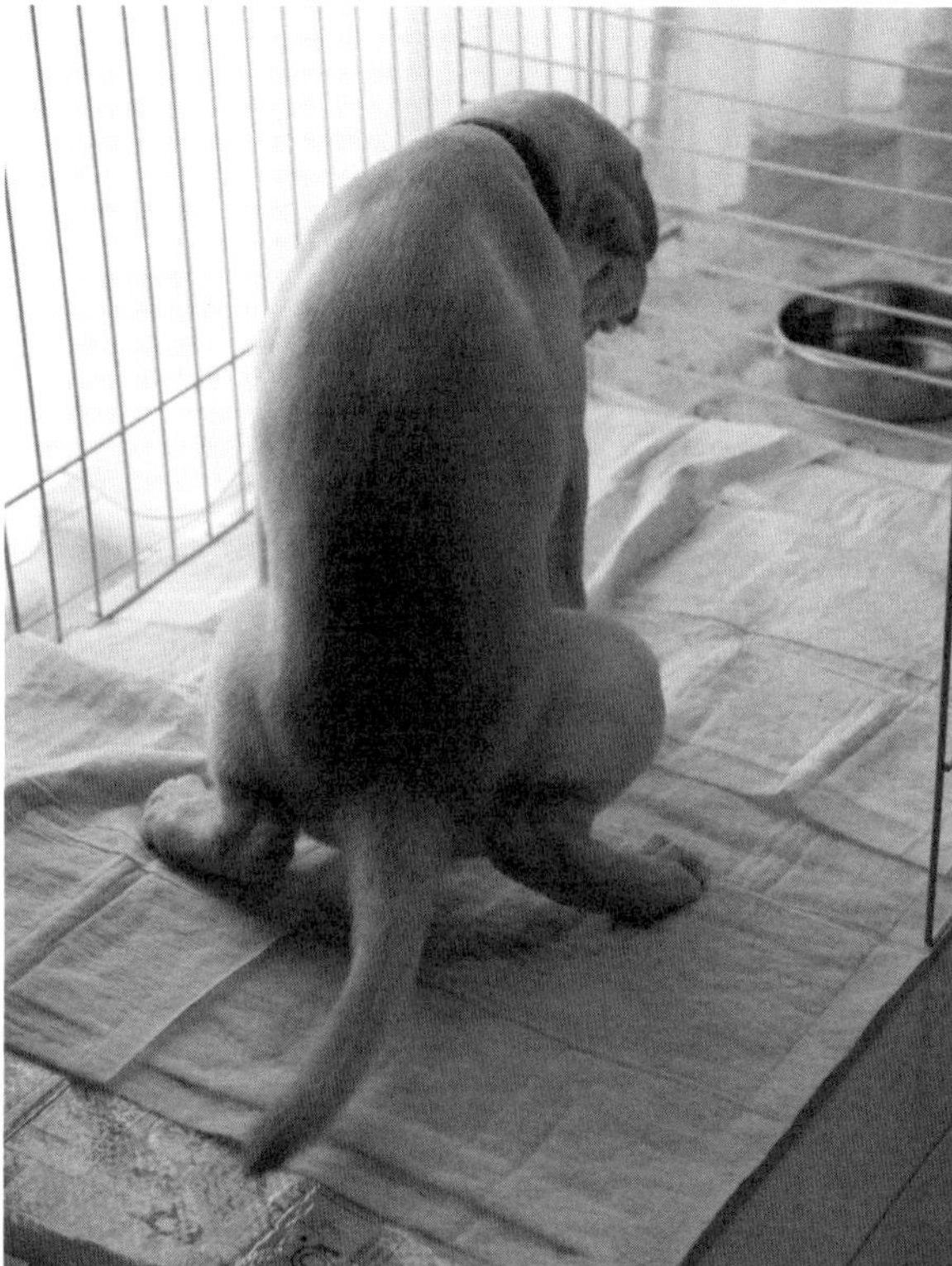

人間の「ワン・ツー」のかけ声でトイレをうながす。

排泄《はいせつ》できるのだ。この合図を教えるのもパピーウォーカーの仕事だが、犬に「ここがトイレだよ」といってもわかるわけがない。当然、リビング、台所、洗面所《せんめんじょ》と、いろんなところにやらかしてくれる。

そんなわけで、恵子《けいこ》たちは、「トイレをしそうだな」と思ったタイミングに、トイレシートの上にコンフィを素早《すばや》くのせて用を足させる、という方法を取った。

用を足しているときには、必ず「ワン・ツー、ワン・ツー……」といい続ける。

「コンフィ～！　グッド、グッド～！」

恵子《けいこ》たちは、コンフィが上手にできたら、ほめることも忘《わす》れない。

コンフィがきたのが、夏休みに入った時期だったこともあり、知里《ちさと》も洋介《ようすけ》もコンフィの世話をよくしてくれた。

知里《ちさと》は、うんちやおしっこの後始末を積極的に行い、洋介《ようすけ》はコンフィのいい遊び相手になってくれた。

「家族みんなでできるボランティア」とはよくいったものだ、と恵子《けいこ》は思った。

小さな子どもがひとり増《ふ》えたように、家の中は笑いが絶《た》えなかった。

しかし、コンフィは野村家《のむらけ》のペットではない。盲導犬候補《もうどうけんこうほ》として預《あず》かった犬だ。やることはたくさんある。

パピーウォーカーとしての一番の使命は、コンフィを「人が大好きな犬」に育てるということだった。

これも立派《りっぱ》なトレーニング。盲導犬《もうどうけん》にとって大切なのは、人の声に意識《いしき》を集中させて、人と上手にコミュニケーションをとれる犬になることなのだ。

その中には、人との遊びもふくまれる。コンフィとの遊び役を率先《そっせん》して買って出たのは、もちろん洋介《ようすけ》だ。ころころと家の中を走り回るコンフィと洋介《ようすけ》の姿《すがた》は、恵子《けいこ》にとってほほえましい限《かぎ》りだ。

しかし、楽しいことばかりではない。恵子《けいこ》たちを一番なやませたのはコンフィのあまがみだ。

子犬は、とにかくよくあまがみをする。

歯がかゆくて、何かをかみたくて仕方がないのだ。

コンフィにおもちゃをあたえてはみるが、おもちゃよりも周囲にあるものを手あたり次第《しだい》にかむ、かむ……。部屋にしいてあるゴザ、畳《たたみ》のヘリ、ダイニングチェアの脚《あし》、そして……人の手――。

歯がするどく、とがっているだけに、痛《いた》くて仕方がなかった。

何度も注意してやめさせようとするが、なかなかいうことを聞いてくれなかった。そして、つかれるとまた寝《ね》る――。

「コンフィ～」

洋介《ようすけ》は遊びたくて仕方がないのか、コンフィの冷めた様子に少しさびしそうだ。

「友達のとこの、トイプードルは、『もっと遊ぼう』って、しっぽをふってやってくるのになあ……」

「コンフィひとりに対して、うちは5人の人間だよ。そりゃ、つかれるよ。コンフィが遊ぼうってきてくれるまで、待とうね」

恵子《けいこ》はいったが、恵子《けいこ》自身も少し不安だった。

コンフィがきて、1回目のパピーレクチャー（月に1回行われる、パピーウォーカーと子犬の勉強会）。そこでも、コンフィはやはり寝《ね》ていた。

遅刻《ちこく》してはいけないと、家を出たのが早すぎて、つかれてしまったのだろうか。

「起こして、やらせてください」

訓練士にいわれたが、コンフィは知らん顔――。ひたすら、すやすや……。

他《ほか》の犬は、実に楽しそうにレクチャーに参加しているのに……。

コンフィは何を考えているのか……。コンフィの様子に、恵子《けいこ》も知里《ちさと》も洋介《ようすけ》もみんな落ちこんだ。

「おとなしくて、いい子ですね」

その声にふり返ると、兄弟のコーデと姉妹のココのパピーウォーカーだった。

恵子《けいこ》はその声に少し救われ、気を取り直して、レクチャーに集中しようと思った。

レクチャーでは、「子犬たちの『夢中《むちゅう》づくり』をしてください」と訓練士から始終《しじゅう》指導《しどう》された。

「夢中《むちゅう》づくり」とは、犬の頭の中が人間のことでいっぱいになる、つまり、人間が大好きで大好きで仕方がない、「人間大好き〜！」と夢中《むちゅう》になれるようにしてくださいという意味だ。盲導犬《もうどうけん》は、人間の目となり、人間といっしょに歩き、人間の生活の場で行動を共にする。人間が好きでないと、まず務《つと》まらないのである。

しかし、コンフィは、それに全く当てはまらない。兄弟のコーデやココに比《くら》べて、動きがにぶく、マイペース。

それからも、食べては寝《ね》る。寄《よ》ってきたと思ったら、人の手をあまがみする。そして、また寝《ね》る……。

これでは、訓練士にいわれた「夢中《むちゅう》づくり」など無理だ。

泣いても笑っても、コンフィが1歳《さい》になる10か月後には、訓練所に返さなければならない。そう思えば思うほど、コンフィの「夢中《むちゅう》づくり」にあせっている、自分たち家族がいた。

コンフィのペースではなく、自分たちのペースにコンフィを当てはめようと、無理強《じ》いしていたのだ。

委託式《いたくしき》でのコンフィの兄弟「コーデ」。

修了式《しゅうりょうしき》でのコンフィの姉妹「ココ」。

それを、コンフィは見ぬいていたのかもしれない。
コンフィは、コンフィだ――。
このままでいい。
自分たち家族のことを見て、大喜びしてくれる日がくるまで、待てばいい。
「コンフィ、わたしたち、ちゃんと家族になれるよね」恵子《けいこ》がいった。
「コンフィ～……、ぼくもさ……、ちゃんとコンフィのお兄ちゃんになれるよね！」
洋介《ようすけ》がコンフィに抱《だ》きついた。
コンフィが、恵子《けいこ》と洋介《ようすけ》を交互《こうご》に見て、首をかしげた。大きな耳が左右にゆれた。
ため息ばかりが出ていたのに、心からコンフィが愛《いと》しいと思った瞬間《しゅんかん》だった――。

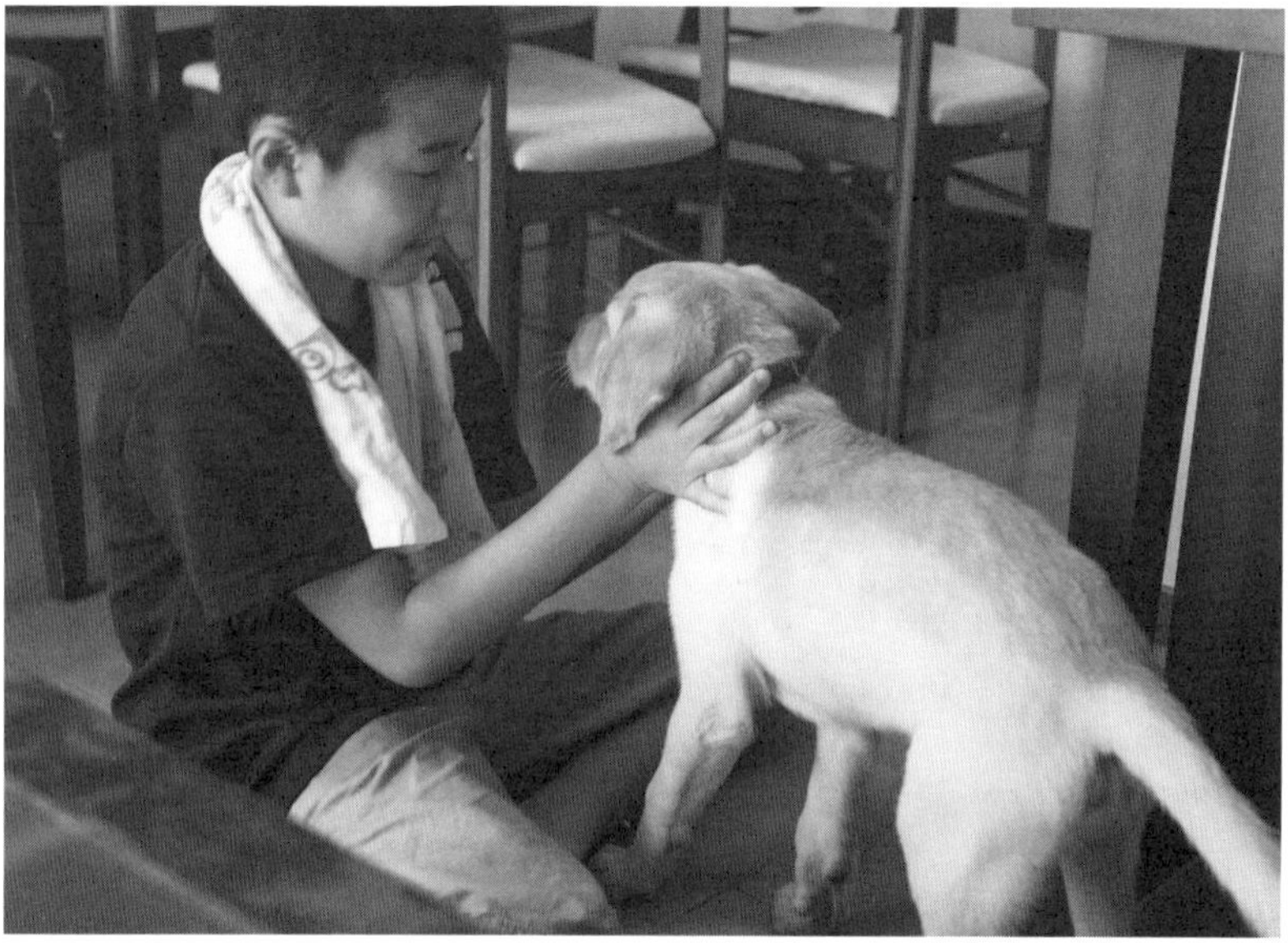

2. 盲導犬《もうどうけん》への第一歩

委託式《いたくしき》から1か月が過《す》ぎ、コンフィの体重は、1か月前のちょうど倍の8キログラムをこえていた。

マズル（口吻《こうふん》ともよばれる、鼻先から口にかけた部分）がずいぶんのびて、ラブラドール・レトリーバー本来の顔に近づいてきたように見える。

夏休みも、いよいよ終わりに近づいてきた。

読書感想文のために盲導犬《もうどうけん》の本を読んだ洋介《ようすけ》は、コンフィがきて3週間が過《す》ぎたころ、ようやく感想文を完成させた。

いずれ、家族と離《はな》れて、盲導犬《もうどうけん》訓練所にもどっていくコンフィ。

そのことが、いっしょに暮《く》らし始めてから、実感として洋介《ようすけ》の中にわいてきたのか、洋介《ようすけ》は

「あーあ。……やきもち焼いちゃうな……」「いなくなったらさびしい」「……でも、今はぼくの犬」とブツブツ恵子《けいこ》に話しながら、読書感想文を仕上げていったのだった。

でき上がった読書感想文は、コンフィへの愛情《あいじょう》がはっきりと伝わってくるものだった。

やってきた――。

コンフィ盲導犬《もうどうけん》パピー

楽しく過《す》ごそうお別れの日まで

洋介《ようすけ》が、指を折って、数を数えながらいった。

「何、それ？　感想文は終わったんでしょ？」

となりで本を読んでいた知里《ちさと》が聞いた。

「ちがうよ！　短歌だよ。子どもの短歌コンクールに応募《おうぼ》する短歌を考えているんだ」

洋介《ようすけ》の今年の夏休みは、宿題《しゅくだい》までもコンフィづけ。コンフィで頭がいっぱいらしい。

盲導犬《もうどうけん》協会の訓練士がいった「夢中《むちゅう》づくり」という言葉を思いだして、恵子《けいこ》は思わず笑ってしまった。

コンフィが人間に夢中《むちゅう》になる前に、人間の洋介《ようすけ》がコンフィに夢中《むちゅう》になっていたのである。

「ミイラとりがミイラになるって、こういうことだね」

ついに洋介《ようすけ》は、コンフィ貯金箱なるものを自作して、盲導犬《もうどうけん》のためにお小遣《こづか》いの貯金までし始めた。

「親がガミガミいわなくても、宿題《しゅくだい》も、小遣《こづか》いの貯金もできるなんて、コンフィは優秀《ゆうしゅう》な先生だね」知里《ちさと》が大笑いしていった。

知里《ちさと》がいうとおり、コンフィは、言葉では伝わらない大切な何かを、自分たち家族に日々教えてくれているのだった。

夏休みが終わり、新学期が始まった。

教師《きょうし》である恵子《けいこ》も光弘《みつひろ》も、子どもたちといっしょに今日から出勤《しゅっきん》だ。

コンフィが家族に加わったため、夏休みはほとんど外出することがなかった野村家《のむらけ》の9月1日はいそがしい——。

コンフィがやってきたのは夏休みだったため、学校がある日常《にちじょう》は、コンフィにとって今日が初めてだ。

いつもとちがう雰囲気《ふんいき》の家族の行動、服装《ふくそう》を見て、不安を感じたコンフィは、歯みがきをしている恵子《けいこ》の後ろにやってきて、恵子《けいこ》の足元に寝《ね》ころび、「キューン」とあまえてきた。

玄関《げんかん》で、恵子《けいこ》の母のたま子《こ》といっしょに、みんなを見送るコンフィはかなり消沈《しょうちん》している。

お留守番《るすばん》がわかるのか、しっぽをしゅんと下げて、「フーン……フーン……」と鼻を鳴らしている。

「なるべく早く、帰ってくるね！」知里《ちさと》がいうと、「ぼくも早く帰ってくるからね！　いい子にしててね」と洋介《ようすけ》がコンフィをなでた。

コンフィがしっぽをゆっくりとふって、「フーン……」とまた鼻を鳴らした。

いつも寝《ね》てばかりのコンフィだったが、その朝は不安で仕方がなかったのだ。

留守番《るすばん》が長いぶん、家族が学校からもどったときの喜びようは、半端《はんぱ》ではなかった。耳をひらひら、しっぽをぶんぶんふって、恵子《けいこ》のそばを離《はな》れようとしない。

「コンフィ〜！ お散歩に行こうね！ 今日一日ずっといっしょにいられなかったぶん、たくさん歩こう！」

恵子《けいこ》は、いつもより遠いところにコンフィを連れて、散歩に出かけた。

コンフィは、うれしくてうれしくて、全身で喜びを表している。

散歩で歩いている他《ほか》の犬たちが、おどろくほどの喜びようだ。

夏休みはほとんど出かけず、コンフィとべったりしていたため気づかなかったが、コンフィは決して人がきらいなわけではなかったのである。

恵子《けいこ》は、大喜びでしっぽをふりながら歩くコンフィを見て、少しほっとした。


1か月に1度行われる秋のパピーレクチャーでは、開始時間ぎりぎりに会場に入ったこともあってか、コンフィは他《ほか》の子犬たちを見て大興奮《だいこうふん》。

家の中をうろつくコンフィ。

遊び方レクチャーでは、レクチャーに全く集中せず、やんちゃぶりを発揮《はっき》した。

それを見た訓練士が、コンフィを使って、レクチャーの手本を見せてくれた。

するとどうだろう。コンフィは、訓練士の指示《しじ》どおり、しっぽをぶんぶんふってレクチャーに集中しているではないか。遊びにもすぐにあきてしまうと思っていたが、これはコンフィの問題ではなく、トレーニングを率《ひき》いる自分たち人間側の問題だったのだ。

「あきさせないように遊ぶ」というのも、トレーニングをする上で大切だということを恵子《けいこ》は改めて知った。

恵子《けいこ》の中に、がぜんやる気と勇気がわき上がってきた。

「おもちゃを持ってこなくても、人が犬のほうに行って、犬が持ってきたような感覚にさせ、そこで、すかさず『グッド』とほめてください。遊びは、テンポよくリズミカルに。ジャンプやとびつきはさせないように。遊びに興奮《こうふん》してジャンプしそうなときには、リードをふんで、ジャンプできないようにしましょう」

といいながら、訓練士はコンフィを誘導《ゆうどう》して、手本を見せてくれた。

月に1回あるレクチャーに出席することも、パピーウォーカーとなる上での大切な条件《じょうけん》だ。自分たちが預《あず》かった犬が盲導犬《もうどうけん》になれるよう、日常《にちじょう》の世話、トレーニング、健康管理にいたるまでを、責任《せきにん》をもってやらなくてはならないのだ。

レクチャーが一段落《いちだんらく》すると、恵子《けいこ》はコンフィのトイレの失敗やあまがみについての改善《かいぜん》方法を訓練士に相談し、指導《しどう》を受けた。

パピーウォーカーである自分たち人間も、コンフィも、日々勉強だった。

秋、雨の多い日が続いた。

「なんか、夏休みからずっと雨で、つまんないなあ……」

しめっぽい天気に影響《えいきょう》されたのか、その日の朝、洋介《ようすけ》はひとりしょんぼりして、コンフィをなでていた。

「洋介《ようすけ》、何やってんの？　さっさと朝ごはん食べないと、学校に遅刻《ちこく》するよ」

朝ごはんのトーストにかじりつきながら、知里《ちさと》が聞いた。

「ちいちゃん……、コンフィがうちにいる時間って……、もう3分の1が過《す》ぎたんだよね」

洋介《ようすけ》が、指折り数えながらいった。

コンフィがいるのは、生後2か月から1歳《さい》になるまでの10か月間だ。

そう考えると、洋介《ようすけ》のいうとおり、約3分の1が過《す》ぎたことになる。

「はやいなあ……。あっというまに、いなくなっちゃうなあ」

洋介《ようすけ》を見て、知里《ちさと》も「……そうだね……」としんみりいった。

コンフィの体重も13キログラムになり、抱《だ》っこするのが、かなりきつくなってきた。

「コンフィを抱《だ》っこできるのも、そろそろ最後かもね」

恵子《けいこ》は、いいながらコンフィをなでた。

ラブラドール・レトリーバーは、大型犬に分類される犬種で、大きいオスの場合、成犬時には40キログラムをこえるものも少なくない。

大型犬は1歳《さい》で、人間なら12〜14歳《さい》の年齢《ねんれい》に達し、体格《たいかく》もこのころには安定する。

コンフィの場合、成犬になっても、せいぜい20〜23キログラムくらいの大きさにしかならないだろうと、親や兄弟から予想《よそう》された。

とはいえ、20キログラムをこえたら、抱《だ》っこなど到底《とうてい》できない。パピーといわれる、ころころのかわいい時期もあっという間だ。

洋介《ようすけ》は、コンフィの成長と並行《へいこう》して、コンフィといっしょにいられる時間が減《へ》っていくことが、さびしくて仕方がないのだ。

そんな洋介《ようすけ》の気持ちを思いながら、恵子《けいこ》自身ものんびりしていられないと思った。

恵子《けいこ》には、コンフィを預《あず》かっている間にどうしてもやりたいことがあった。

それは、コンフィ同伴《どうはん》の小学校での福祉授業《ふくしじゅぎょう》だ。

今まで20年間取り組んできた福祉授業《ふくしじゅぎょう》にコンフィを登場させ、子どもたちに命のぬくもりを感じてもらいたいと思っていた。

コンフィとふれあった子どもたちは、この先、盲導犬《もうどうけん》を街で見かけるたびに、そのぬくもりを思い出してくれるだろう。盲導犬《もうどうけん》ユーザーやその盲導犬《もうどうけん》を、温かな目で見守ってくれるだろう。困《こま》っていそうな障《しょう》がい者《しゃ》の人たちに、声をかけてくれるだろう。

自分が目指す「やさしいクラスづくり」に、コンフィは必ず一役買ってくれると恵子《けいこ》は考えていた。

何しろ、パピーウォーカーとしての10か月間が終わる5月末には、コンフィは盲導犬協会《もうどうけんきょうかい》の訓練所に返さなければならない。洋介《ようすけ》がいうように、コンフィが我が家《わがや》にいる時間は、早々と3分の1が過《す》ぎた。もたもたしていると、あっという間にコンフィはいなくなってしまう。

なやみの種だったあまがみも収《おさ》まって、児童にけがをさせる心配もない。行事が年中つまっている学校のスケジュールをやりくりするのも、秋なら比較的融通《ひかくてきゆうずう》がきく。暑からず、寒からずの今の時期なら、コンフィの体調にも負担《ふたん》はない。

コンフィを連れて福祉授業《ふくしじゅぎょう》ができるのは、今しかないと思った――。

そして――、盲導犬候補《もうどうけんこうほ》パピー同伴《どうはん》の福祉授業《ふくしじゅぎょう》が、洋介《ようすけ》の通う茨城県常総市立水海道《いばらきけんじょうそうしりつみつかいどう》小学校の4年1組で実施《じっし》された――。

恵子《けいこ》がコンフィ同伴《どうはん》の授業《じゅぎょう》を行ったのは2、3時間目の連続授業《じゅぎょう》。2時間目は視覚障《しかくしょう》がい者《しゃ》

水海道《みつかいどう》小学校4年1組で「福祉授業《ふくしじゅぎょう》」を行う恵子《けいこ》。恵子《けいこ》は普段《ふだん》他校に勤務《きんむ》しているが、この日は特別に水海道《みつかいどう》小学校で授業《じゅぎょう》をした。

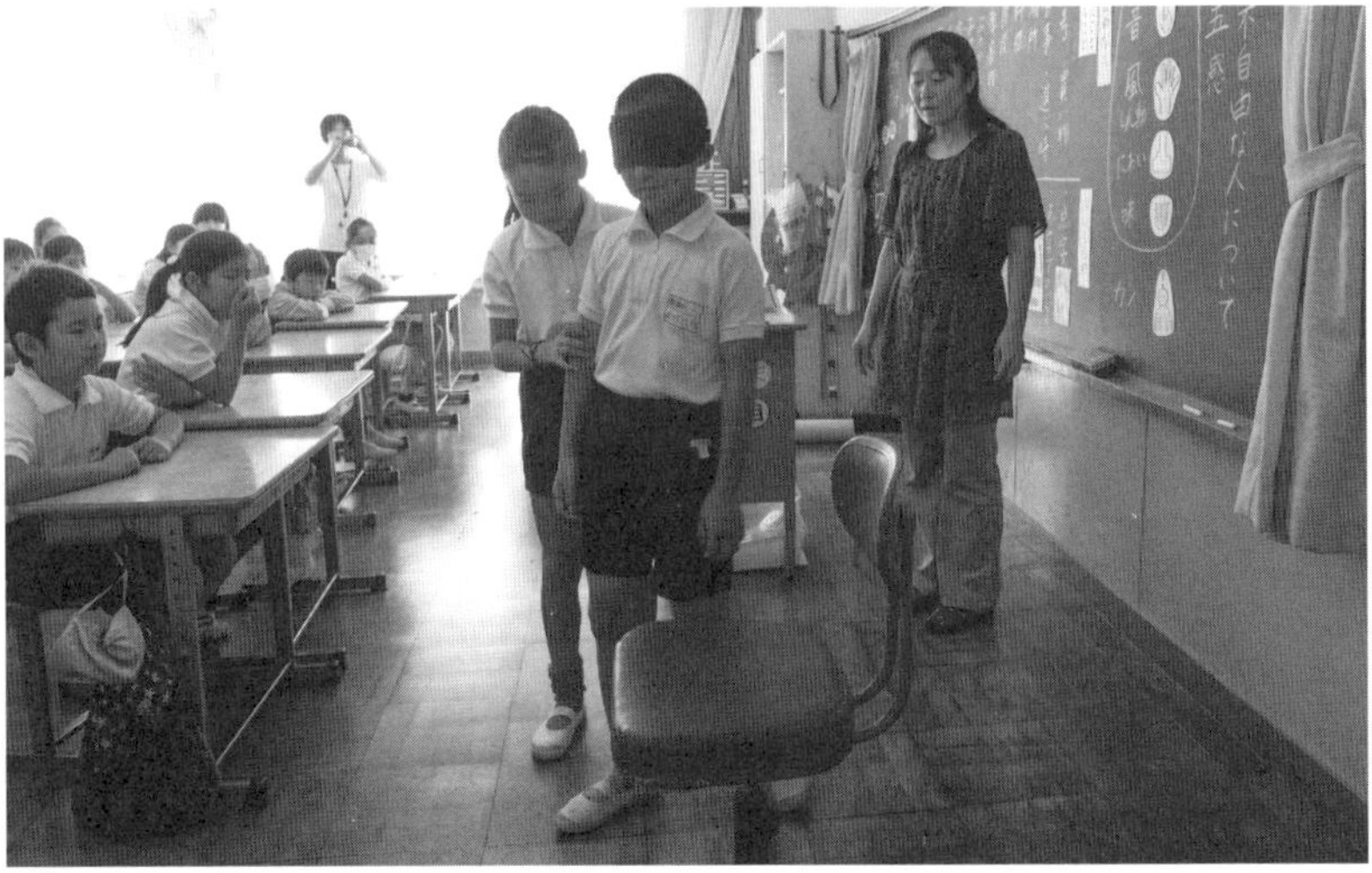

アイマスク体験をする児童たち。

について、3時間目には盲導犬《もうどうけん》の仕事について、子どもたちに伝える予定だ。

コンフィをともなっての授業《じゅぎょう》は初めてなので、少し緊張《きんちょう》する。

コンフィは、授業《じゅぎょう》の最後にサプライズで登場するので、子どもたちにはないしょだ。

恵子《けいこ》は内心どきどきした。コンフィは、うまく児童たちとふれあうことができるだろうか。

しかし、そんなことは今さら心配しても仕方がない。

事情《じじょう》を知っている洋介《ようすけ》が、落ち着かない様子で、そわそわ、にやにやして恵子《けいこ》を見ている。

恵子《けいこ》は深呼吸《しんこきゅう》して息を整え、普段《ふだん》どおり授業《じゅぎょう》を始めた。

「まず、みんなに見えないことを感じてもらいたいと思います。みんな、机《つくえ》に顔をふせてくれますか？」

恵子《けいこ》の指示《しじ》と同時に、子どもたちが一斉《いっせい》に机《つくえ》の上に顔をふせた。

「何も見えないね」

「はい！」

「これからわたしが歩きますから、わたしが横を通ったとわかったら、手を上げてください。

通り過《す》ぎたと感じたら、手を下ろしてね」

そういうと、恵子《けいこ》は、子どもたちの間をぬって教室を一周した。

すべての子どもたちが、恵子《けいこ》の通過《つうか》した時点でまちがいなく手を上げ下げした。

「すごいね。なんでわかった？」

「足音！」「におい！」「先生が通ると、風がすっと流れる」「ゆかが振動《しんどう》する」

子どもたちは、自分でもおどろいたように答えた。

視覚《しかく》以外の嗅覚《きゅうかく》や聴覚《ちょうかく》が、目の代わりをして、情報《じょうほう》をあたえてくれるのだ。

「じゃあ、五感で感じることがわかった上で、さらに目が不自由な人が大変だなあ、不便だなあと思うことを考えてみてください」

恵子《けいこ》がいうと、児童たちが次々と手を挙げて答えた。

「信号がわからない」「食事のメニューがわからない」「ここどこ？　場所がわからない」「一番こわいのは階段《かいだん》だよ！」「見えないから、いろんなものにぶつかる！」「字が書けない」「買い物のとき、欲《ほ》しい物が選べない」

「次に、見えないことをさらに助けるには、どんな工夫があればいいと思いますか。例えば、さわって『これは歯ブラシだな』とわかっても、自分のかどうかはわからないよね。じゃあ、どんな工夫をすればわかる？」

「印をつけるとか」ひとりの児童がいった。

「でも、マジックじゃ見えないよ」だれかが後ろから答えた。

「じゃあ、さわって、でこぼこしたものは？」次々と意見が出て、結局、輪ゴムがいいということになった。

それからも、恵子《けいこ》は、洋服の裏表《うらおもて》はどう見分けるか、シャツの前後ろはどう判断《はんだん》するかなど、日常《にちじょう》で使うものを取り入れて、子どもたちの想像力《そうぞうりょく》を引き出していった。

「文字を読む助けになるのは？」「点字！」

「じゃあ、歩くときに助けになるものは？」「点字ブロック！」「白いつえ！」

「信号をわたるのには？」「音の鳴る信号機！」

「道路の横断《おうだん》は？」「車の音で判断《はんだん》するとか……」

10歳《さい》の子どもたちの知識《ちしき》と感性《かんせい》はするどい。恵子《けいこ》の質問《しつもん》に次々と答えていく。

「そうだね。それから、みんなは盲導犬《もうどうけん》って聞いたことありますか？　盲導犬《もうどうけん》は目の見えない人が安全に歩けるように、歩行を助ける犬なんです。3時間目は、盲導犬《もうどうけん》について勉強しましょう」

休み時間を挟《はさ》み、恵子《けいこ》は、残りの45分間を盲導犬《もうどうけん》の一生について、児童に話し始めた。

「この時間は、写真を見ながら、盲導犬《もうどうけん》が生まれてからのことを、順を追って勉強していきましょう」

そういうと、恵子《けいこ》は、盲導犬《もうどうけん》の一生について、子どもたちに写真を見せながらわかりやすく説明した。

「まず、盲導犬《もうどうけん》の赤ちゃんは、どこからくるのでしょう」

公益財団法人《こうえきざいだん》　日本盲導犬《もうどうけん》協会における

盲導犬《もうどうけん》の一生

盲導犬《もうどうけん》のお父さんとお母さん（ボランティア）

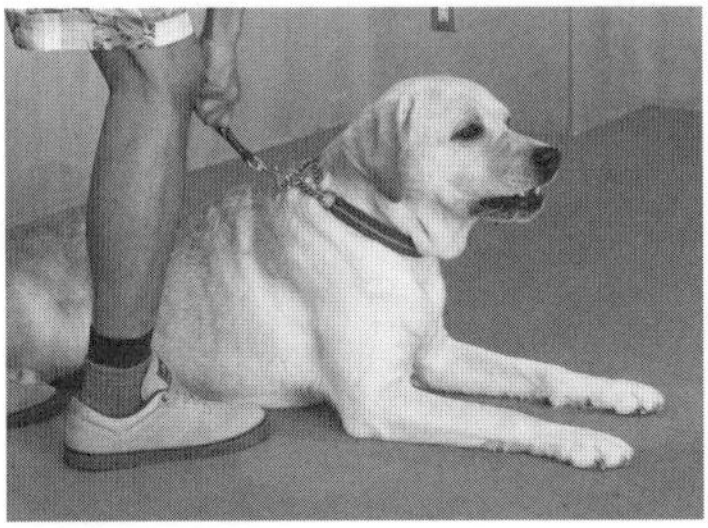

父犬のハルク。

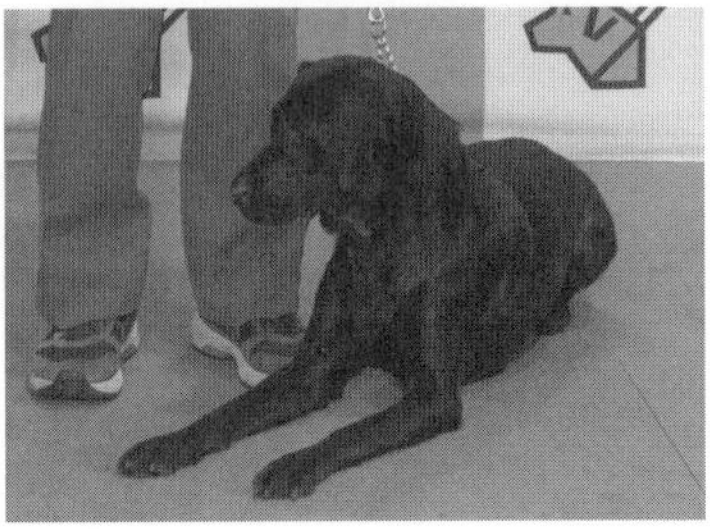

母犬のネル。

盲導犬《もうどうけん》は、すぐれた盲導犬《もうどうけん》の血統《けっとう》をもった親犬同士から生まれた子犬が、その候補《こうほ》となります。親犬は、オス、メス共に繁殖犬《はんしょくけん》として盲導犬《もうどうけん》協会が決めた犬を、ボランティアさんが自宅《じたく》で預《あず》かり、のびのびと暮《く》らしているのが特徴《とくちょう》です。その暮《く》らしぶりは普通《ふつう》の家庭犬と同じです！

盲導犬《もうどうけん》の繁殖《はんしょく》（盲導犬《もうどうけん》訓練センターの繁殖《はんしょく》ルーム）

繁殖《はんしょく》時期には、オス犬と、メス犬を交配させます。

その後、妊娠《にんしん》していることが確認《かくにん》されると、出産予定日の２週間ほど前に、母犬はボランティアさんの家から盲導犬《もうどうけん》訓練センター（富士《ふじ》ハーネス）に移動《いどう》して、出産に備《そな》えます。母犬は不安でいっぱいかもしれませんが、富士《ふじ》ハーネスのスタッフさんが、部屋の中でお産を見守ってくれます。

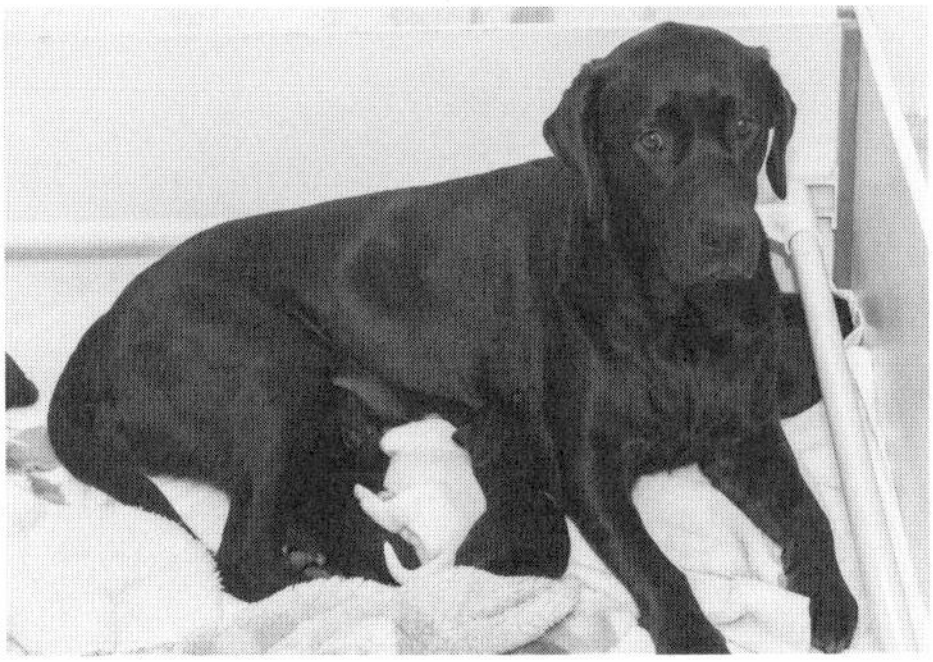

盲導犬《もうどうけん》の誕生《たんじょう》・～生後２か月（盲導犬《もうどうけん》訓練センター）

子犬の誕生《たんじょう》です！　生まれた子犬は、生後２か月くらいまで、訓練センターのパピールームで過《す》ごします。

兄弟同士で仲良く遊んだり、たくさん寝《ね》たり……。まだ小さいので、スタッフさんは、常《つね》に健康状態《じょうたい》に気を配り、子犬たちが元気で大きくなるよう、一所懸命《いっしょけんめい》世話します。
一番かわいい時期ですね！

パピーウォーカー（ボランティア）・生後２か月～約１歳《さい》

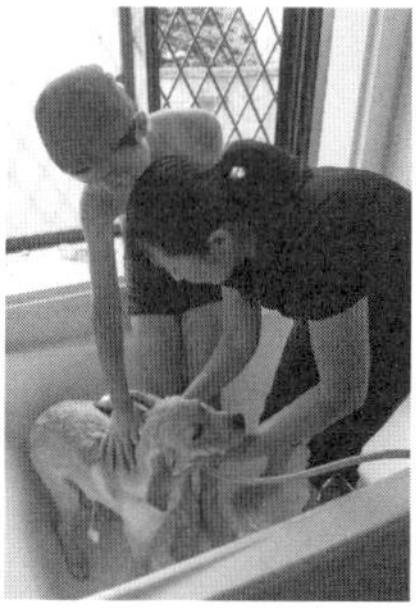

盲導犬《もうどうけん》の子犬は、その後、富士《ふじ》ハーネスから、パピーウォーカーさんの家に預《あず》けられます。
愛情《あいじょう》いっぱい、人間が大好きな犬に育ててもらうことが目的です。
簡単《かんたん》なトレーニングもこの間に行いますが、いたずら盛《さか》り！　かわいいと思うだけでは務《つと》まらないボランティアです。

盲導犬《もうどうけん》としての訓練・1歳《さい》～2歳《さい》（盲導犬《もうどうけん》訓練センター）

●**角を知らせる訓練**　角に体をそわせて止まることで、角があることを人に知らせる。

●**障害物《しょうがいぶつ》の訓練**　人と犬が並《なら》んで通れるスペースがあるか、犬が判断《はんだん》する。高いところにある障害物《しょうがいぶつ》もさけるようにする。

●**近くの目標物を探《さが》す**　ドアやイスなど、近くにある目標物（目的物）を教える。

●**段差《だんさ》の訓練**　上りの階段《かいだん》では、1段目《だんめ》に前脚《まえあし》をのせて止まる。下り段差《だんさ》では手前で止まって教える。

1歳《さい》をむかえるころ、犬は、パピーウォーカーさんの家から盲導犬《もうどうけん》訓練センターにもどり、盲導犬《もうどうけん》として本格的《ほんかくてき》なトレーニングをプロの訓練士から受けます。この間に、盲導犬《もうどうけん》となるか、ならないかが決定します。

盲導犬《もうどうけん》になるのは、全体の3～4割程度《わりていど》。

盲導犬《もうどうけん》になれなかった犬は、家庭犬として新しい飼《か》い主《ぬし》さんを募集《ぼしゅう》して、譲渡《じょうと》されます。盲導犬《もうどうけん》になれなかった犬も、幸せになれるんです！

盲導犬《もうどうけん》の現役《げんえき》時代《じだい》・2歳《さい》～約10歳《さい》まで（ユーザーの自宅《じたく》）

訓練を終えた盲導犬《もうどうけん》は、ユーザーさん（盲導犬《もうどうけん》を使う視覚障《しかくしょう》がい者《しゃ》）の自宅《じたく》でいっしょに暮《く》らします。その間、ユーザーさんの安全な歩行を助ける仕事をします。

ユーザーさんと盲導犬《もうどうけん》は、大きな信頼《しんらい》関係で結ばれているから、安全に歩けるんですね。

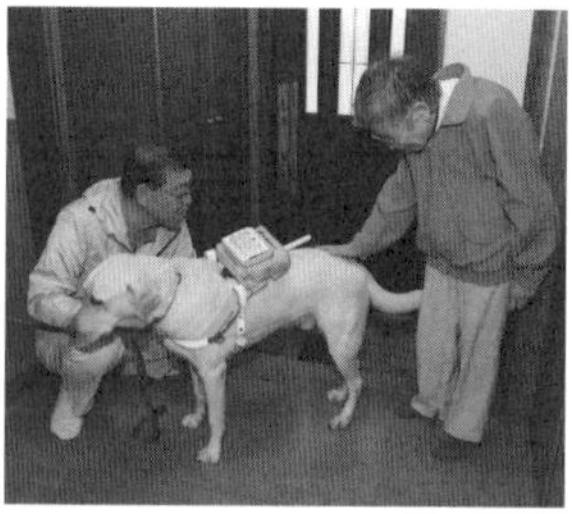

盲導犬《もうどうけん》の引退《いんたい》・約10歳《さい》～（ボランティア）

すべての盲導犬《もうどうけん》は10歳《さい》前後で、仕事を引退《いんたい》します。

その後の盲導犬《もうどうけん》は、ボランティアさんの家庭に引き取られ、普通《ふつう》の家庭犬として愛情《あいじょう》を注がれ、寿命《じゅみょう》をまっとうするのです。

子犬のころ預《あず》かっていた、パピーウォーカーさんの家にもどる引退犬《いんたいけん》も多いんです。長い間会っていなくても、盲導犬《もうどうけん》たちはパピーウォーカーさんのことをちゃんと覚えているんですよ！

「これを見てもわかるとおり、1頭の盲導犬《もうどうけん》がその仕事をまっとうするには、本当に多くの人の手がかかっています。ボランティアだけでも、盲導犬《もうどうけん》のお父さん、お母さんを預《あず》かってくれる繁殖犬《はんしょくけん》飼育ボランティア、子犬を育てるパピーウォーカー、それから引退《いんたい》した盲導犬《もうどうけん》を最期《さいご》まで面倒《めんどう》をみる引退犬《いんたいけん》飼育ボランティア。それ以外にも、たくさんのボランティアさんが、1頭の盲導犬《もうどうけん》の一生に関わっているんだよ」

恵子《けいこ》は、写真を指さしながら、盲導犬《もうどうけん》と人との関わりを示《しめ》した。

「みんな、盲導犬《もうどうけん》になれるの？」

「日本盲導犬《もうどうけん》協会では、盲導犬《もうどうけん》になれるのが、10頭のうち3、4頭くらいといわれています」

「えー！　じゃあ、なれなかった犬は？」

「だめな犬になっちゃうの？」

「かわいそう！」

子どもたちは、次々と思ったことを素直《すなお》に口にした。

「ちがう！　ちがう！　盲導犬《もうどうけん》になれなかった犬は、だめな犬じゃないんだよ。かしこい犬だから盲導犬《もうどうけん》、だめな犬だから盲導犬失格《もうどうけんしっかく》というわけではないの」

「えー！　じゃあ、何？」

大興奮《だいこうふん》する子どもたちをなだめ、恵子《けいこ》は盲導犬《もうどうけん》の一生を誕生《たんじょう》から順番に説明した。

「生まれた子犬は生後2か月を過《す》ぎると、パピーウォーカーという子犬の育児ボランティアさんのところへやってきます」

恵子《けいこ》は、教室の外で出番を待っているコンフィのことを思いながら、パピーウォーカーの仕事について説明した。

恵子《けいこ》たち家族とコンフィのことを話しているので、熱がこもるというわけだ。

「……こうしてパピーウォーカーさんのところで人間が大好きになった犬は、10か月が過《す》ぎて1歳《さい》になったころ、盲導犬協会《もうどうけん》に帰っていくんです」

「えー！　帰っちゃうの。さびしいな……」

「……うん、さびしいね。でも、この子犬たちは、自分たちの犬ではないの。盲導犬候補《もうどうけんこうほ》としての犬を預《あず》かっただけだから、お返ししなくてはいけないんですね」

「……そして、帰ったあとは、訓練士さんがついて、盲導犬《もうどうけん》として本格的《ほんかくてき》な訓練が始まるんですよ」

恵子《けいこ》は、子どもたちの目を順番に見ながら、コンフィを協会に送り返す日のことを思った。

目を閉《と》じると、コンフィが訓練士さんといっしょに歩く姿《すがた》が、うかんできた。

授業《じゅぎょう》は残り20分。コンフィが子どもたちの前に姿《すがた》を現《あらわ》すまでに、伝えたいことをきちんと伝えなければ……。恵子《けいこ》は、黒板にチョークを走らせた。

写真を見せながら、児童に盲導犬《もうどうけん》の一生を説明する恵子《けいこ》。

3．盲導犬《もうどうけん》を目指して

コンフィのように、パピーウォーカーのもとで愛情《あいじょう》いっぱいの約10か月間を過《す》ごした子犬たちは、約1歳《さい》になるとパピーウォーカーと別れ、盲導犬協会《もうどうけん》の訓練所にもどってくる。

訓練所にもどった犬が、盲導犬《もうどうけん》になれるかを判断《はんだん》する重要な基準《きじゅん》は、まず健康状態《じょうたい》だ。

そのため、パピーウォーカーからもどった犬は、獣医師《じゅういし》による健康診断《しんだん》を受けることになる。

静岡県富士宮市《しずおかけんふじのみやし》の日本盲導犬総合《もうどうけんそうごう》センター盲導犬《もうどうけん》の里「富士《ふじ》ハーネス」にいるラブラドール・レトリーバー、1歳《さい》半のメスのアイジュは、コンフィが委託式《いたくしき》で恵子《けいこ》の家に行く7月、入れかわるかのように、パピーウォーカーのもとからこの訓練所にもどってきた。

入所後、犬の健康状態《じょうたい》が良好と診断《しんだん》されると、訓練士は、常《つね》に盲導犬《もうどうけん》としての適性《てきせい》を見ながらトレーニングを進め、その2か月後に、犬は最初の試験を受ける。

訓練所にもどって半年近く過《す》ぎたアイジュは、1度目の試験、タスクパフォーマンス1に合《ごう》格《かく》し、さらに一段階《いちだんかい》上の試験、タスクパフォーマンス2を目指して、担当《たんとう》訓練士の渋谷智子《しぶやともこ》と寒空の下、日々トレーニングにはげんでいた。

智子《ともこ》たち盲導犬《もうどうけん》訓練士は、まず、犬の「稟性《ひんせい》＝生まれもった性質《せいしつ》」を見極《みきわ》めることに重きを置く。

盲導犬《もうどうけん》になる犬は、トレーニングを次々と吸収《きゅうしゅう》する「かしこい犬」と思われがちだが、作業の質《しつ》は第一ではなく、この稟性《ひんせい》こそが盲導犬《もうどうけん》に選ぶかどうかの大切な判断基準《はんだんきじゅん》となるのだ。

例えば、やみくもにほえるという行為《こうい》。この行為《こうい》は盲導犬《もうどうけん》にとって好ましくないが、このほえる行為《こうい》が「要求」からきているのか、「警戒《けいかい》や不安」からきているのか、ほえる理由が稟性《ひんせい》を見極《みきわ》めるひとつの基準《きじゅん》となることがある。

もしこの行為《こうい》が「〇〇してよ」という要求ぼえであれば、訓練士は、犬が何を求めているのかを考え、その要求を解消《かいしょう》することで、結果的に「ほえなくてもよい」と教えていく。

大きな声でほえなくても、自分の思いを相手に伝えられることがわかれば、ほえる必要もなくなる。これは、犬にとってもストレスが減《へ》り、よい結果を生む。

逆《ぎゃく》に、「警戒《けいかい》や不安」からほえているのであれば、注意して様子を見ながら訓練を続ける。

盲導犬《もうどうけん》は、ときに車の多い道を横断《おうだん》したり、人の多いホームに行って電車に乗ったりしなければならない。ユーザーと出かけているときにかみなりが鳴ったり、花火の音に遭遇《そうぐう》したりするかもしれない。

そんなとき、物音に敏感《びんかん》な犬は、あたりを警戒《けいかい》し、大きな不安を感じてしまう。恐怖《きょうふ》のあまり、ほえたいと思うだろう。

そんな犬に対しては、その「ほえ」が訓練でおさまるように教えることができるのか、盲導《もうどう》犬《けん》の仕事が、その犬にとってストレスになるのかを、じっくりと見極《みきわ》めていく。

その犬のもつ可能性《かのうせい》を最後までつぶさず、かつ、作業に対して犬がストレスを感じることなく訓練を続けていくというのが、日本盲導犬《もうどうけん》協会のやり方だ。

盲導犬《もうどうけん》は、視覚障《しかくしょう》がい者《しゃ》の歩行を助ける役割《やくわり》を担《にな》っていても、歩行補助《ほじょ》の道具ではない。生きている「命」ある生き物だ。

富士《ふじ》ハーネスの盲導犬《もうどうけん》訓練士・渋谷智子《しぶやともこ》と訓練中のアイジュ。

そこで、日本盲導犬協会《もうどうけん》では、盲導犬《もうどうけん》としての作業が「楽しい」と思える性質《せいしつ》を備《そな》えた犬を選ぶことにしている。作業が楽しければ、ユーザーの歩行補助《ほじょ》もストレスなく行える。例えば、「どんな音にも雑踏《ざっとう》にも、それほど動じない」「人間が大好きで、いっしょにいることが楽しい」となれば、盲導犬《もうどうけん》の仕事そのものがストレスになることはない。

犬も、人間と同じように適材適所《てきざいてきしょ》がある。盲導犬《もうどうけん》になるのは、まず、盲導犬《もうどうけん》になるにふさわしい稟性《ひんせい》をもった犬であること、その上で作業を楽しんでこなせる犬が選ばれるのである。盲導犬《もうどうけん》になれるのは候補犬《こうほけん》のわずか3～4割《わり》というのも、犬たちの幸せを考慮《こうりょ》した上での結果だった。

そして、その他《ほか》の6割《わり》以上の盲導犬《もうどうけん》になれなかった犬たちは一般《いっぱん》家庭に譲渡《じょうと》され、家庭犬として新たに幸せな道を歩むことになる。盲導犬《もうどうけん》になれなかった犬も、また、その稟性《ひんせい》に見合った道をあたえられ、幸せを保障《ほしょう》される。

どの犬がどんな道を行くのが、犬にとっての幸せなのか、それを見極《みきわ》めるのも訓練士たちの仕事だ。犬の幸せも、人間の幸せも、訓練士たちの判断《はんだん》にかかっていた。

その幸せのために何かしたい——。

智子《ともこ》自身が訓練士になったのも、そういった思いがあったからだった。

もともと犬が大好きだった智子《ともこ》は、中学生のときに参加した手話サークルで、聴導犬《ちょうどうけん》の存在《そんざい》を知った。

「聴覚障《ちょうかくしょう》がい者《しゃ》の耳の代わりに、こんなに素晴《すば》らしい仕事をする犬がいるのか……。どんな訓練をしているのだろう」

大きな衝撃《しょうげき》を受けた。

聴導犬《ちょうどうけん》とは、聴覚障《ちょうかくしょう》がい者《しゃ》に音を伝える作業訓練をされた犬のことだ。しかし、日本では、あまりその存在《そんざい》を知られていなかった。

もし、自分の訓練した犬が、聴覚障《ちょうかくしょう》がい者《しゃ》を幸せにすることができるなら、こんなに素晴《すば》らしいことはないと智子《ともこ》は思った。

聴導犬《ちょうどうけん》の訓練士となり、聴導犬《ちょうどうけん》を育て、聴覚障《ちょうかくしょう》がい者《しゃ》の役に立ちたい——。

その思いは大人になっても続いたが、当時は需要《じゅよう》（必要として求めること）が少なく、聴導《ちょうどう》犬《けん》訓練士としての道には縁《えん》がなかった。

その後、大学を卒業した智子《ともこ》は、事務員《じむいん》としての仕事に就《つ》いたが、障《しょう》がい者《しゃ》を助ける身体障《しんたいしょう》がい者補助犬《しゃほじょけん》訓練士への道をあきらめきれず、日々可能性《かのうせい》を模索《もさく》し続けていた。

そして、夢《ゆめ》を追い続けた智子《ともこ》に訪《おとず》れたチャンスが、盲導犬《もうどうけん》訓練士への道だったのだ。

智子《ともこ》の中に、全く迷《まよ》いはなかった。すぐに仕事を辞《や》め、神奈川県横浜市《かながわけんよこはまし》にある盲導犬《もうどうけん》訓練士学校への入学を決意。聴覚障《ちょうかくしょう》がい者《しゃ》の作業を助ける聴導犬《ちょうどうけん》の訓練士も、視覚障《しかくしょう》がい者《しゃ》の作業を助ける盲導犬《もうどうけん》の訓練士も同じだ。大好きな犬を通して、障《しょう》がい者《しゃ》の人生を豊《ゆた》かに幸せにできることにちがいはない。

こうして、智子《ともこ》は必死に勉強にはげみ、今から5年前にようやく訓練士として働き始めたのである。

犬の訓練は、とにかく根気を要する。

訓練する犬もそれぞれで、犬にあったアプローチをしなければならない。すべて同じ方法は通用しない。そんなことは、訓練学校に通っていて百も承知《しょうち》だったが、実際《じっさい》、自分が担当《たんとう》する犬を任《まか》されると、その責任《せきにん》の重さがずしりと肩《かた》にのしかかってくる。

試行錯誤《しこうさくご》の5年間だった。この仕事全体を10とすると、8割《わり》は大変なことばかりだ。しかし、残りの2割《わり》が、智子《ともこ》に大きな喜びをもたらしてくれた。

それは、自分の訓練した犬が、障《しょう》がい者《しゃ》に歩く喜びと安全をつくっているということ、その仕事を自分が担《にな》っているということだった。

責任《せきにん》は重大だが、盲導犬《もうどうけん》を送り出すときは、大きな達成感と充足感《じゅうそくかん》があった。

同時に、盲導犬《もうどうけん》と歩くユーザーたちから教えられることも多かった。

ユーザーは、ただの歩行補助《ほじょ》として盲導犬《もうどうけん》を見ているのでは決してない。生きている犬がそばにいることで、彼《かれ》らは歩く勇気がわき、生きていく喜びを倍増《ばいぞう》させている。盲導犬《もうどうけん》は、彼《かれ》らの目の代わりを果たす道具ではなく、彼《かれ》らの大切なパートナーなのだ。

盲導犬《もうどうけん》は、すごいパフォーマンスをするわけでもなく、スーパードッグでもない。

多くの人は、盲導犬《もうどうけん》は行きたいところに連れていってくれると思っているかもしれない。しかし、盲導犬《もうどうけん》との歩行は、ナビゲーションシステムのように、「ここへ行け」といえば連れていってくれるものではない。

盲導犬《もうどうけん》の仕事は、主に「角」「段差《だんさ》」「障害物《しょうがいぶつ》」の3つを、立ち止まってユーザーにきちんと教えること（障害物《しょうがいぶつ》は、立ち止まって教えない方法もある）。

その立ち止まる行為《こうい》が、「角」か「段差《だんさ》」か「障害物《しょうがいぶつ》」なのかをユーザーは判断《はんだん》し、頭の中で書いた地図をたどって、目的地まで行くのである。

つまり、盲導犬《もうどうけん》との歩行は、「指示《しじ》を出す人間」と「指示《しじ》を受け歩行を導《みちび》く犬」との共同作業だ。

そして、この「角」「段差《だんさ》」「障害物《しょうがいぶつ》」をユーザーに知らせるという作業を、1年近くかけて、毎日毎日、犬に教えるのが智子《ともこ》たち訓練士の仕事だった。

また、それ以外に「電車やバスを探《さが》す」ことや「待機」も教える。

訓練は大きく分けて、ハーネスをつけて歩く「誘導訓練《ゆうどうくんれん》」と、ハーネスをつけずに行う「基《き》本《ほん》訓練」のふたつがある。

「基《き》本《ほん》訓練」は、パピーウォーカーたちが行ってきたトレーニングをさらに進めていくもので、犬とのコミュニケーションを深める訓練となる。

そのために行うのが、まず「遊び」。とにかく遊んで遊んで、人間とコミュニケーションをとることの楽しさを、存分《ぞんぶん》に犬に感じてもらう。遊びながら「グッド」とほめて、犬が遊びにあきる手前で遊びを終了《しゅうりょう》する。

遊びも立派《りっぱ》な訓練。その遊びの中で、「カム（こい）」「ダウン（ふせ）」「シット（座《すわ》れ）」「ウェイト（待て）」「アップ（立て）」等のコマンド（指示《しじ》）を取り入れ、犬に楽しんでもらいながら言葉の意味を教えていく。

最初は、犬が集中できる時間が短いため、1回のトレーニング時間はわずかだ。その中で、訓練士のことをちゃんと見ているか、声にしっかり反応《はんのう》できているかを見て、「犬の集中力」をつちかっていく。

犬が慣《な》れてきたら、人間のタイミングで始めたり終わったりすることも可能《かのう》になる。

基本《きほん》訓練で大切なのは、常《つね》に犬の気持ちが人間に向くよう導《みちび》くことだ。

また、視覚障《しかくしょう》がい者《しゃ》は、相手の目を見ることができないため、目でコミュニケーションを取ることができない。

そのため、訓練士たちは、犬がコマンドを理解《りかい》できるようになると、目を見ないで、リードの感触《かんしょく》や動き、長さなどの感覚でコミュニケーションを取れるよう、訓練のやり方を徐々《じょじょ》に変えていく。

犬のトレーニングは、こうして段階《だんかい》をふむことが非常《ひじょう》に大切なのだ。

次に、ハーネスをつけて道を歩く「誘導《ゆうどう》訓練」。

パピーウォーカーの家から訓練所にきて半年近くたったアイジュは、この誘導《ゆうどう》訓練も上手にこなせるようになっていた。

季節はクリスマス目前。中庭から見える富士山《ふじさん》はすっかり雪化粧《ゆきげしょう》をほどこし、あざやかな姿《すがた》を毎日のように智子《ともこ》たちに見せてくれる。しかし、これから春までは、訓練士に最も厳《きび》しい季

犬とのコミュニケーションを深めるため、遊びもたくさん取り入れる「基本《きほん》訓練」。

ハーネスをつけて行う「誘導《ゆうどう》訓練」。犬がきちんと作業できているかを確認《かくにん》する。

節となる。

白い息をはきながら、智子《ともこ》がアイジュにハーネスをつけると、アイジュは智子《ともこ》の左側にぴたりと立った。

まずは、出かける前の排泄《はいせつ》。

智子《ともこ》はアイジュを訓練場の中庭に連れていくと、そこでハーネスを外し、アイジュに排泄《はいせつ》用ベルト（排泄《はいせつ》用の袋《ふくろ》を胴体《どうたい》につけるベルト）をつけて、その先にビニール袋《ぶくろ》を取りつけた。

盲導犬《もうどうけん》は、出かけた先で好き勝手に排泄《はいせつ》をしない。普通《ふつう》のペットのように、あちらこちらの草むらや電信柱で排泄《はいせつ》をしたら大変なことになる。

そのため、トイレは人間の指示《しじ》で行うようパピーウォーカーから教わり、訓練所にもどってからも、さらに練習を重ねる。

「ワン・ツー、ワン・ツー、ツー、ツー……」

「アイジュ、ワン・ツー、ワン・ツー、ツー、ツー、ツー……」

智子《ともこ》は、アイジュにやさしくていねいに指示《しじ》を出し、排泄《はいせつ》をうながす。

アイジュがくるくると回りだし、下半身を落としてかがんだ。

しばらくして、ラブラドール・レトリーバーの体に見合った大きなうんちが、取りつけられたビニール袋《ぶくろ》にぽろんぽろんとふたつ落ちてきた。見事なナイスキャッチといったところだ。

「アイジュ、グッド〜！　グッド〜！」

智子《ともこ》は、アイジュをほめ続けた。

協会では、「ほめてトレーニング」をするのが基本《きほん》だ。

ほめることで作業が楽しくなり、犬はストレスを感じることなく、作業を覚えていく。

智子《ともこ》にたくさんほめられて、アイジュはうれしそうにしっぽをぶんぶんふった。

「アイジュ！　グッド〜！　グッド」智子《ともこ》は、これでもかというほど、アイジュをほめる。

排泄《はいせつ》が終わると、いよいよ歩行だ。

「アイジュ！　ストレート、ゴー！（まっすぐ）」

アイジュが、智子《ともこ》の左側に立ち、半歩前を歩き始めた。

盲導犬《もうどうけん》は、常《つね》に道の左端《ひだりはし》を歩くよう指導《しどう》される。

アイジュは迷《まよ》うことなく、すたすたと歩いていく。その半歩後ろを、ハーネスを持った智子《ともこ》が続く。

アイジュが止まった。十字路だ。

「ストレート、ゴー!」智子《ともこ》のその声に、アイジュは角を曲がらず、まっすぐに進む。

再《ふた》び、道の角でアイジュが止まった。

「レフト、ゴー!(左へ)」その合図で、アイジュが左に曲がった。

角を曲がったアイジュはそのまま歩き、再《ふた》び、角で止まった。

「ライト、ゴー!(右へ)」アイジュは右に曲がり、智子《ともこ》が続いた。

この時点で、スタート場所からふたつ目の角を左に曲がり、その次の角を右に曲がったということになる。

ユーザーは、頭の中に書いた地図と照らし合わせて歩き、目的地まで行く。

頭の中の地図に沿《そ》って、まっすぐに行くのか、右に曲がるのか、左に曲がるのかを、盲導犬《もうどうけん》に指示《しじ》する。犬は、その指示《しじ》に従《したが》って進む。

盲導犬《もうどうけん》はユーザーの左側につき、半歩先を歩いて誘導《ゆうどう》する。

階段《かいだん》は、前脚《まえあし》をかけた状態《じょうたい》で止まり、ユーザーに知らせる。

これが、盲導犬《もうどうけん》の仕事だ。

歩行訓練中のアイジュが、再《ふたた》び止まった。角ではない。その目の前にあるのは階段《かいだん》だ。

「ストレート、ゴー」

アイジュが、階段《かいだん》を上り始める。

階段《かいだん》を上りきってしばらくすると、アイジュが再《ふたた》び止まった。

ここは、角でも階段《かいだん》でもない。

「ストレート、ゴー」

それでも、アイジュは動かない。

アイジュは、目の前にポールがあるから動かないのだ。犬は通れるが、人間は通れる幅《はば》ではない。

もし、アイジュが自分は通れるからと、指示《しじ》のまま歩いていけば、目の見えないユーザーは障害物《しょうがいぶつ》にぶつかり、物によっては大けがをしてしまう。

自分が通れても、人間が通れない道や場所へは、「ゴー」と指示《しじ》されても進まない。

そのびみょうな難《むずか》しい判断《はんだん》を犬に教えるのも、訓練士たちだった。

盲導犬《もうどうけん》との歩行は、犬と人間がたがいにコミュニケーションを取り合って進む共同作業だ。指示《しじ》を出すのはあくまでもユーザーであり、ユーザー自身もたくさんの勉強をしなければならない。

そのため、盲導犬《もうどうけん》をもちたいと願う希望者は、訓練所で盲導犬《もうどうけん》といっしょに泊《と》まりこみで約1か月間共同トレーニングを受ける。

共同トレーニングが終わると、ユーザーは盲導犬協会《もうどうけん》から盲導犬《もうどうけん》使用者として「認定《にんてい》」を受け、運転免許証《うんてんめんきょしょう》のような「盲導犬使用者証《もうどうけんしようしゃしょう》」を受け取る。

こうして、視覚障《しかくしょう》がい者《しゃ》は、盲導犬《もうどうけん》と共に、安全に安心して行きたいところへ行けるようになるのだ。

障《しょう》がい者《しゃ》のために、自分にできることを精一杯《せいいっぱい》やり続けたい。

中学生のときに芽生えた身体障《しんたいしょう》がい者補助犬《しゃほじょけん》への思いは、智子《ともこ》の中で、今も消えることはなかった。

「アイジュ！　ストレート、ゴー！」

アイジュがゆっくりと歩き始めた。

そのゆれるしっぽを見ながら、北風のふく訓練所の中を、智子《ともこ》はアイジュに続いて歩いた。

ドッグ

4. 盲導犬《もうどうけん》と歩く

「光を失っても、命があったほうがいい」

母は迷《まよ》うことなく、73年前にそう決断《けつだん》したのだろう。

母親なら、だれもが、その道を選んだはず——。

東京都《とうきょうと》あきるの市《し》で鍼灸院《しんきゅういん》を営《いとな》む望月操《もちづきみさお》は、何度もそのころの母の心情《しんじょう》を思いやった。

操《みさお》は75歳《さい》になる。操《みさお》の脳《のう》と眼球《がんきゅう》をつなぐ神経《しんけい》にガンが見つかったのは、1歳《さい》5か月のときだ。

以来、操《みさお》は一切《いっさい》の光を失った——。

あまりにも幼《おさな》すぎて、光を感じていたころの記憶《きおく》は全くない。

赤がどんな色なのか、青がどんな色なのかも、想像《そうぞう》でしかない。

「赤はとても強い色で、ピンクは赤より弱い……。わたしが好きなのは、青色。すみわたった空の色が好きなのよね。緑も好きだけど、青より湿《しめ》っぽいし匂《にお》いもきつい」

操《みさお》がそういうと、ある健常者《けんじょうしゃ》に、えらくおどろかれたことがあった。

「たぶん、操《みさお》さんの想像《そうぞう》している色は、実際《じっさい》の色と同じです」

操《みさお》自身もそう思っている。

75年間生きてきて、今まで不自由を感じたことはそれほどなかった。

自宅《じたく》の中なら自由に歩けたし、階段《かいだん》の上り下りも、勝手がわかる家なら手すりにつかまれば普通《ふつう》にできる。

配達にきた宅配便《たくはいびん》業者は、チャイムを鳴らしてから、操《みさお》が玄関《げんかん》のとびらを開けるまでの早さにおどろくほどだ。距離感《きょりかん》や家具の配置が頭の中にある自宅《じたく》なら、移動《いどう》は健常者《けんじょうしゃ》と変わらないほどスムーズだった。

炊事《すいじ》、洗濯《せんたく》、掃除《そうじ》など、家事は自分でこなせる。着替《きが》えもできる。

シャツの前後は、襟《えり》ぐりの大きさやタグをさわればわかるし、表裏《おもてうら》もぬい目でわかる。

目が見えないから、色の組み合わせが難《むずか》しいだろうと他人はいうが、服の色さえ教えてもらえれば、「この色のポロシャツには、この色のパンツ」と、自分でカラーコーディネートを楽しむこともできた。想像《そうぞう》の中で組み合わせた色で、カラーコーディネートを楽しむのだ。

その色の組み合わせが変だと、他人からいわれたことは一度もない。むしろセンスがいいといわれる。困《こま》るのは、さわってもわからない洋服についたシミくらいだ。

今は便利な時代で、音声で文字も入力できるから、携帯《けいたい》電話やパソコンを使うのも不自由はない。スーパーでの買い物も、行きつけの店なら陳列《ちんれつ》が決まっているので、どこに何があるのかだいたいわかる。野菜の鮮度《せんど》も、重さや触感《しょっかん》で見分けることができた。

料金の支払《しはら》いも、一万円札なのか、千円札なのか、十円なのか、百円なのか、指先でさわれば、まちがいは皆無《かいむ》だ――。

買い物が終われば、料理もこなす。味噌汁《みそしる》の味噌《みそ》の量は、スプーンですくったときの重さではかる。しょう油《ゆ》も、垂《た》らしたときの音で量をはかる――。

そんな操《みさお》の行動力は、日常《にちじょう》生活だけにとどまらない。

70年以上、光のない世界で生きてきた操《みさお》には、趣味《しゅみ》も多かった。

中でも、一番夢中《むちゅう》になったのは「音楽」だ。

コンサートにも出かけるし、カラオケも大好き。音楽のおかげで、同じ視覚障《しかくしょう》がい者《しゃ》の夫、俊彦《としひこ》と出会い、結婚《けっこん》もした。

「見えないぶん、他《ほか》の感覚が多くを補《おぎな》ってくれる」

それが操《みさお》の口ぐせだった。

そのひとつが「音」であり、趣味《しゅみ》の音楽もふくめ、「音」は操《みさお》の大きな「光」となった。

同じ障《しょう》がいなら、「耳が聞こえて、目が見えないほうがいい」――。

操《みさお》は、いつもそう思っているが、耳が聞こえない人は「目が見えて、耳が聞こえないほうがいい」というだろう。

今、もっているものが何よりありがたい――。

ないものを求めて悲嘆《ひたん》に暮《く》れるより、自分のもって生まれた運命を肯定的《こうていてき》に受け入れ、生まれもったものを最大限《さいだいげん》に活《い》かせば、ないものは補《おぎな》うことができる。

すべては、とらえ方次第《しだい》、考え方次第《しだい》だと、操《みさお》は思っていた。

とにかく前向きで、社交的に生きてきた操《みさお》だったが、そんな彼女《かのじょ》でさえ、視覚障《しかくしょう》がい者《しゃ》ゆえ、こわいものがあった。

それは、外出先での「段差《だんさ》」である。

視覚障《しかくしょう》がい者《しゃ》の多くがこわいものといえば、何はさておき、この段差《だんさ》だ。

ホームからの転落事故《じこ》もふくめ、視覚障《しかくしょう》がい者《しゃ》の事故《じこ》の多くは、この段差《だんさ》で起こる。

段差《だんさ》は、白杖《はくじょう》を使っても幅《はば》や高さの感覚がうまくつかめず、つまずいて転んだり、どこかに落ちたりする危険《きけん》があった。

視覚障《しかくしょう》がい者《しゃ》なら、多かれ少なかれ事故《じこ》を経験《けいけん》しているはずだ。それほど段差《だんさ》は、目が見えない人間にとって恐怖《きょうふ》だった。

操《みさお》も例外ではない。そのため、外での歩行は、どうしても「おそるおそる」でおそくなる。

しかし、その「おそるおそる」から解放《かいほう》されたのは、今から13年ほど前のこと——。

操《みさお》が趣味《しゅみ》で通っていた英会話教室に、盲導犬《もうどうけん》ユーザーがやってきたことが始まりだった。

「とにかく盲導犬《もうどうけん》といると、白杖《はくじょう》とは比《くら》べものにならないほど、速く歩けます」

犬が大好きで、ペットとして犬を飼《か》っていたことがある操《みさお》は、ユーザーの言葉に食いつくように耳をかたむけた。

犬といっしょにどこへでも行けて、その上、白杖《はくじょう》よりうんと速く歩けるなんて、こんな素晴《すば》らしいことは他《ほか》にない。そう素直《すなお》に思えた。

「へえー、すごいですね！　盲導犬《もうどうけん》ってすごいんですねえ……」

話を聞いた操《みさお》は、盲導犬《もうどうけん》との生活に大きな希望を感じた。

自分も盲導犬《もうどうけん》といっしょに歩きたい――。

「どうすれば、盲導犬《もうどうけん》をもてるようになるのですか」

操《みさお》は、早速《さっそく》、そのユーザーから盲導犬《もうどうけん》をむかえる手順を教えてもらうと、自ら行動を起こし、日本盲導犬《もうどうけん》協会に申請書《しんせいしょ》を出した。

その半年後、操《みさお》の初めての盲導犬《もうどうけん》が決まった。

オスのラブラドール・レトリーバーで、名前はコナン――。

初めて盲導犬《もうどうけん》をもつ操《みさお》は、これから1か月間、訓練センターでコナンとの歩行訓練を受けなくてはならない。しかし、訓練への不安より、コナンをむかえる喜びのほうが、操《みさお》にははるかに大きかった。

「盲導犬《もうどうけん》は、目的地に連れていってくれるわけではありません。人間が指示《しじ》を出して、犬の目を借りて、歩くというイメージです」

訓練所でそういわれ、操《みさお》は「なるほどな」と思った。

いわれてみれば、当たり前のことだ。犬に「どこそこの駅まで連れていって」といって、わかるわけがない。犬をずっとペットとして飼《か》っていた操《みさお》は、思わず笑ってしまった。

「ユーザーさんは、まず、地図を頭の中に書いてください」

地図を頭に書いて、その地図をたどりながら犬に指示《しじ》を出し、目的地まで行く――。まっすぐ進むのか、曲がるのか、曲がるならどっちなのか、指示《しじ》を出すのはあくまでも自分。つまり、自分が行きたい場所の地図を、すべて頭に入れておかないと、犬がいても目的地にたどり着くことはできない。

また、視覚障《しかくしょう》がい者《しゃ》が最もおそれている「段差《だんさ》」も、犬は「段差《だんさ》ですよ」とは教えてくれない。角も段差《だんさ》も障害物《しょうがいぶつ》も、「止まる」という行為《こうい》で相手に伝えるだけだ。

目が見えない操《みさお》たちにとって、犬の「止まる」が何に当たるのか、決め手は「ハーネス」だ。

通りに左角があれば、犬は左の曲がり角に一歩足をふみ入れた形で止まるか、または左を向くかだ。そのため、ハーネスは、ほんのわずか右にふれる。上りの階段《かいだん》なら、犬は前脚《まえあし》を階段《かいだん》の一段目《だんめ》にかけた状態《じょうたい》で止まるので、ハーネスは下向きになる。下り階段《かいだん》なら、段差《だんさ》の手前で止まるので、ユーザーは足をトントンとして、階段《かいだん》だと確認《かくにん》して進む。これが、盲導犬《もうどうけん》との歩行だ。

そのハーネスから伝わるびみょうな角度で、操《みさお》たちは、犬が角で止まっているのか、階段《かいだん》で止まっているのかがわかる。

また、段差《だんさ》がわかることと同様に、操《みさお》がありがたいと感じたのは、物にぶつかることなく歩けるということだった。

目が見えない人間にとって、目の前にある障害物《しょうがいぶつ》をさけて通ることは不可能《ふかのう》だ。

白杖《はくじょう》があっても、実際《じっさい》にぶつかるまで、そこに障害物《しょうがいぶつ》があるとはわからない。

しかし、犬がいれば障害物《しょうがいぶつ》をさけて歩いてくれる。ぶつかることなく安心して歩ける。

そして、何より操《みさお》が大きな感動を感じたのは、コナンとの歩く速さだった。

白杖《はくじょう》を使っていたときとは雲泥《うんでい》の差で、そのスピードは健常者《けんじょうしゃ》が歩く速さとなんら変わらなかった。英会話教室にやってきた盲導犬《もうどうけん》ユーザーから聞いてはいたが、実際《じっさい》にそれを体感すると、この感動は計り知れないほど大きかった。この感動を知ったら、もう盲導犬《もうどうけん》は手放せないだろうなと、操《みさお》はひとり納得《なっとく》した。

コナンのハーネスから伝わる情報《じょうほう》は明確《めいかく》で、目が見えない操《みさお》たち夫婦《ふうふ》にとって、それは大きな安心と信頼《しんらい》に値《あたい》するものだった。だから、ぐんぐん歩けた。

歩いていると、コナンのハーネスがびみょうに右にかたむいた。

ああ、今、コナンは左のほうに顔を向けている。左に曲がり角があるんだなあ……。

操《みさお》は、道の方角より、想像《そうぞう》でしか見ることができないコナンの顔が気になるようになった。

コナンはどんな顔なのか。毛色はイエロー（うすい茶色）だと聞いている。

うすい茶色を想像《そうぞう》してみるが、先天盲《せんてんもう》（生まれつき、もしくは乳幼児期《にゅうようじき》に視力《しりょく》を失い、見えた経験《けいけん》の記憶《きおく》がないこと）の操《みさお》には、茶色も想像《そうぞう》の色でしかない。

体の感触《かんしょく》から毛は短い。耳は垂《た》れている。さわった感じでは、かなり筋肉質《きんにくしつ》だ。マズルはすっとしていて……。

自分の中でコナンの姿《すがた》をえがく——。

コナンは、きっとこんな形の犬で、こんな表情《ひょうじょう》をしている——。その想像《そうぞう》すらも愛《いと》しく、操《みさお》にとって楽しいものだった。

「コナン……、コナン……」

かわいくて仕方がなかった。トレーニングが終わり、ハーネスを外すと、操《みさお》はコナンに何度も何度もほおずりして、キスをした。

訓練では覚えることも多かったが、コナンといっしょに歩き、いっしょに食事をし、同じ部屋で寝《ね》ることが、操《みさお》は楽しくて仕方がなかった。

あっという間の1か月間だった。

ここにくる人は、みな同じ気持ちなのだろう。

ただひとつ、他《ほか》のユーザーとちがっていたのは、操《みさお》たちはタンデム歩行というトレーニングにも取り組んだことだった。

盲導犬《もうどうけん》との歩行は、普通《ふつう》「ひとりと1頭」で行うが、タンデム歩行は、ふたりで1頭の盲導《もうどう》犬《けん》を使う。つまり、夫婦《ふうふ》どちらかがコナンのハーネスを持ち、ハーネスを持った相方のうでを、もうひとりがつかんで歩く。出かけるときは常《つね》にいっしょの「仲良し夫婦《ふうふ》」のなせる歩行だ。

タンデム歩行は、盲導犬《もうどうけん》協会でもまれなケースだった。1頭とふたりの息はぴったり。

歩調を合わせ、軽快《けいかい》に、歩幅《ほはば》大きく、すたすたと歩いていく――。

本当に目が見えないのかと疑《うたが》うほどの速さだ。

こうして、操《みさお》は、初めての盲導犬《もうどうけん》コナンと共に、以前にも増《ま》して活発な毎日を送るようになった。

いっしょにいればいるほど、操《みさお》たち夫婦《ふうふ》のコナンへの愛情《あいじょう》は増《ま》していった。

自宅《じたく》のリビングで寝《ね》ているコナンは、普通《ふつう》の犬だ。

盲導犬《もうどうけん》・エースとタンデム歩行をする操《みさお》たち夫婦《ふうふ》。

しかし、一度ハーネスをつけると、仕事のスイッチが入るらしい。態度《たいど》は一変して、使命感をもって、操《みさお》たちの安全を守ってくれた。操《みさお》たち夫婦《ふうふ》にとってコナンは家族であり、コナンとの暮《く》らしはかけがえのないものになっていた。出かけるときは、いつもコナンがそばにいる。春夏秋冬、晴れの日も、雨の日も、暑い日も……。

「コナン！　出かけるよ」

ハーネスを見せると、コナンがしっぽをふって近づいてきた。

「今日は、わたしがハーネスを持つわね！」

そういいながら、操《みさお》はコナンの体にハーネスをつけて、それをしっかりと確《たし》かめた。

タンデム歩行でハーネスをにぎるのは、夫の俊彦《としひこ》のときもあれば、操《みさお》のときもある。

「コナン、今日はすごく暑いけどね……、どうしても行かなくてはいけないところがあるの。よろしくね」

真夏のその日の午後、操《みさお》が温度計を確認《かくにん》すると、気温は32度だった。

操《みさお》はタクシーを呼《よ》ぶと、コナンと俊彦《としひこ》といっしょに乗った。

「駅までお願いします」

操《みさお》たちは、盲導犬《もうどうけん》を歩行補助具《ほじょぐ》と思ったことは一度もない。

真夏の昼間の道路では、犬の肉球が焼けるため、不要な外出はしない。どうしても出かけなくてはならないときは、コナンの負担《ふたん》を減《へ》らすため、歩く距離《きょり》を最小限《さいしょうげん》にとどめる。

そのため、歩ける距離《きょり》でも、真夏の日中はタクシーをよく利用する。

タクシーを降《お》りると、「ゴー！　ゲート（改札）」と操《みさお》がいった。

コナンが慣《な》れた様子で、最寄《もより》駅の改札に向かった。よく利用する駅では、地図が操《みさお》の頭にきちんと入っている。改札をぬけて、ホームに入った操《みさお》たち夫婦《ふうふ》は、電車がくるのを待った。

電車が入ってくると、音でわかる。

電車が止まる音がした。

「ゴー！　ドア」操《みさお》がコナンにいった。

ホームに止まっている電車のドアの前に、コナンが操《みさお》たち夫婦《ふうふ》を導《みちび》いた。

ドアが開く――。

緊張《きんちょう》する場面だ。操《みさお》は手に持っていた白杖《はくじょう》を使って、電車のドアとホームの間にあるすき間を探《さぐ》った。

白杖《はくじょう》でホームと電車のすき間の幅《はば》を確認《かくにん》すれば、電車とホームの間がどれくらい空いているかがわかる。

「コナン、ゴー」

コナンが電車に乗り、操《みさお》たち夫婦《ふうふ》もすき間をまたいで、電車に乗りこんだ。

「チェア」

電車に乗りこんだ操《みさお》がそういうと、コナンが空いている座席《ざせき》の上に、あごをちょんとのせた。

座席《ざせき》が空いていれば、空いている座席《ざせき》に、盲導犬《もうどうけん》はあごをのせるよう訓練されている。

周囲の空気感から、車内はそれほど混《こ》んでいないらしい。

やがて、操《みさお》たちが降《お》りる目的地の駅のアナウンスが車内に流れた。

「ゴー、ドア」

出かけるときは、いつもいっしょ。操《みさお》は右手に白杖《はくじょう》を持つ。

ハーネスを持った操《みさお》の足元で座《すわ》っていたコナンが立ち上がり、シートから一番近いドアに導《みちび》いた。

ドアが開いた。再《ふた》び、白杖《はくじょう》でホームと電車との幅《はば》を確《たし》かめ、「コナン、ゴー」といい、コナンに続いて、ふたりはホームに降《お》りた。

操《みさお》は、人の足音を聞きながら、人々のざわめきに耳を集中させた。

「かわいい」という声が聞こえた。

人の多い駅では、通りすがりに「かわいい」という声をよく耳にする。

犬好きの人が、コナンを見ていっているのだ。一瞬《いっしゅん》でも自分たちに注目している証拠《しょうこ》だ。

操《みさお》は、そのタイミングをのがさず、周囲に聞こえるように大きい声でいった。

「改札口は、どっちなんだろうねえ、コナン……」

コナンに注目していた人が、「あっちですよ」と教えてくれた。

「……わたしが、今、立っている方向から、まっすぐですか?」

見えない操《みさお》には、「あっち」や「こっち」ではわからない。

「……あ、すみません。今、向いている方向にまっすぐ行くと、すぐに階段《かいだん》があるので、そこを上がって、20メートルほど先が中央改札です」

「ありがとう！　コナン、ストレート、ゴー！」

コナンがホームを歩き出した。操《みさお》は、コナンのハーネスから伝わるメッセージをたよりに、いっしょに歩く。

コナンが、階段《かいだん》に前脚《まえあし》をかけた状態《じょうたい》で止まった。

ハーネスのかたむきの加減《かげん》で、階段《かいだん》だとすぐわかる。

ハーネスを持っていた操《みさお》は、俊彦《としひこ》に「階段《かいだん》を上るよ」という。

「コナン、ストレート、ゴー！」

階段《かいだん》を上りきると、操《みさお》は「ゲート（改札）」とコナンにいった。

ゲートは駅の改札を意味するので、知らない駅でも、「ゲート」の指示《しじ》で盲導犬《もうどうけん》は改札を目指して歩く。ただし、犬にとっての改札は、ＪＲ《ジェイアール》も私鉄《してつ》も地下鉄もいっしょくたになっているので、改札がいくつもある乗りかえ駅では、人に聞いて指示《しじ》を出すより方法はない。

盲導犬《もうどうけん》のおかげで道もたずねやすくなり、何より階段《かいだん》や段差《だんさ》を心配し、おそるおそる歩くこともなくなった。

しかし、世間では「盲導犬《もうどうけん》に声をかけないでください」という常識《じょうしき》がじゃまをして、なかなか「お手伝いしましょうか」と聞いてくれる人はいない。「盲導犬《もうどうけん》に声をかけてはいけない」というのは、「仕事中の盲導犬《もうどうけん》」に対してであって、盲導犬《もうどうけん》を連れている「ユーザー」に対してではない。

盲導犬《もうどうけん》を連れていても、乗りかえる駅で地下鉄がどっちなのか、タクシー乗り場がどっちなのか、バス停がどっちなのかは、犬ではなく、周りの人間に聞くしか方法はない。仕事中の盲導犬《もうどうけん》に声をかけてはならないが、ユーザーには積極的に「何かお手伝いしましょうか」と声をかけてほしい。これが操《みさお》の本音だった。

問題は、それだけではない。

日本では、盲導犬《もうどうけん》に対する理解《りかい》がまだまだ不十分で、レストランでは入店を何度も断《ことわ》られた。従業員《じゅうぎょういん》の教育も徹底《てってい》されず、店のドアには「盲導犬同伴ＯＫ《もうどうけんどうはんオーケー》」のシールがはってあっても、「店長に聞いてきます」といわれたきり、1時間以上も待たされる。待ちきれず、コンビニエンスストアでおにぎりを買って、公園の寒空の下、ふたりと1頭で食べたこともあった。

「犬は不衛生《ふえいせい》」「犬がきらいな人がいたら営業妨害《えいぎょうぼうがい》になる」「アレルギーの客がいる」などが断《ことわ》る理由だが、盲導犬《もうどうけん》は他人に迷惑《めいわく》など絶対《ぜったい》かけないし、不衛生《ふえいせい》でもない。

そんな考えは、盲導犬《もうどうけん》や視覚障《しかくしょう》がい者《しゃ》を理解《りかい》しようとしない人たちのいい訳《わけ》だった。

盲導犬拒否《もうどうけんきょひ》は、飲食店だけではない。タクシーにも乗車を断《ことわ》られることが多々あった。

「犬はだめ」とあからさまに断《ことわ》られることもあったが、「犬が苦手で……」という運転手もなかにはいた。……犬が苦手では仕方がない。そんなときはむっとせず、「では、犬の好きなタクシー運転手さんを回してください」と操《みさお》は笑顔《えがお》で応《こた》えた。

たがいに寄《よ》りそうことで、解決《かいけつ》することも多い。

「視覚障《しかくしょう》がい者《しゃ》だから」「盲導犬《もうどうけん》は仕事をしている犬だから」と権利《けんり》ばかりを主張《しゅちょう》しても何も変わらないし、だれも得をしない。

自分たちのために一所懸命《いっしょけんめい》歩いてくれる犬のため、世の中すべての人たちに、盲導犬《もうどうけん》のことを理解《りかい》し、やさしいまなざしを向けてもらいたかった。

そうすれば、自分たちも安心して犬といっしょに街を歩ける。安心して道をたずねることができる。

そんなやさしい社会に見守られながら、自分たちは、ずっと盲導犬《もうどうけん》といっしょに歩いていきたい。このハーネスから伝わる情報《じょうほう》を信じることで、歩く喜びを感じ続けたいと思った——。

しかし……、

愛《いと》しいコナンとの別れは、突然《とつぜん》にやってきた。

コナンが操《みさお》たち夫婦《ふうふ》と暮《く》らし始めて6年がたったころ、コナンにガンが見つかったのだ。

コナンは8歳《さい》になっていた。病気になった以上、コナンはここで操《みさお》たちといっしょにいるわけにはいかない。病気治療《ちりょう》のため盲導犬《もうどうけん》を引退《いんたい》し、富士《ふじ》ハーネスにもどって、治療《ちりょう》に専念《せんねん》しなくてはならなかった。

その後、富士《ふじ》ハーネスにもどったコナンは、9歳《さい》で息を引き取り、盲導犬《もうどうけん》としてその生涯《しょうがい》を終えた――。

多くのユーザーがそうであるように、コナンとの別れは、操《みさお》にとって言葉ではいい表せないほどつらいものだった。

盲導犬《もうどうけん》ユーザーたちは、どんなに自分の犬がかわいくても、その犬と最後までいっしょにいることはできない。コナンのように病気が見つかれば、盲導犬《もうどうけん》としての仕事を続けることはできないし、健康な犬であっても10歳《さい》前後には引退《いんたい》となり、別れをむかえる。

初めての盲導犬《もうどうけん》コナンと出会って、14年が過《す》ぎた――。

操《みさお》たち夫婦《ふうふ》は、2代目のプライムに続き、現在《げんざい》も3歳《さい》になる3代目の盲導犬《もうどうけん》、エースと共に元気に暮《く》らしている。

そのエースとも、いずれ別れるときがくる。

しかし、どんなにその日がつらくても、再《ふたた》び新しい盲導犬《もうどうけん》をくもりない笑顔《えがお》でむかえることができるのは、温かい人たちの支《ささ》えがあるからだと、操《みさお》はいつも思っていた。

その支《ささ》えとなるのが、盲導犬《もうどうけん》の最後のバトンを引きついでくれるボランティアたちだった。

仕事を引退《いんたい》しても、道具でもロボットでもない犬は、命ある限《かぎ》り生き続け、犬としての幸せを保障《ほしょう》されなければならない。


〝自分たちの瞳《ひとみ》となり、自分たちを守ってくれた盲導犬《もうどうけん》を……、最期《さいご》まで……どうぞよろしくお願いします――。〟


1代目のコナン、2代目のプライムを見送るとき、操《みさお》は心をこめて、何度もいのった――。

そして……、心から何度も感謝《かんしゃ》した。

「ありがとう……」

自分に光をくれた盲導犬《もうどうけん》たちに――。

犬たちの……、命のバトンを最後にたくす人たちに――。

盲導犬 エース号
犬 種：ラブラドールレトリーバー
性 別：オス
生年月日：2013年1月20日
認定日：2016年2月1日
認定番号：日本-745・日本-746
エース

5．盲導犬《もうどうけん》・命のバトンのアンカー

アンカーとして、盲導犬《もうどうけん》の命のバトンを受け取る最後の人間――。

最初にバトンを受け取るのが、パピーウォーカーというボランティアなら、引退犬《いんたいけん》ボランティアは、最後にバトンを受けるボランティアということになる。

神奈川県横浜市《かながわけんよこはまし》に住む田村弘樹《たむらひろき》と妻《つま》のさゆりが、盲導犬《もうどうけん》としての使命をまっとうしたカノンをむかえ入れたのは、カノンの10歳《さい》の誕生日《たんじょうび》の少し前のことだった。

6月にしては湿度《しつど》が低く、よく晴れたすがすがしい日だった。

午後になると、さゆりはそわそわして、何度もベランダから顔を出して、自宅《じたく》前の道路を走る車の音に耳をすました。

ゴールデン・レトリーバーのココルが、いつもとちがう飼《か》い主《ぬし》の様子に「きょとん」とした顔をして、リビングをせわしなく動き回るさゆりを目で追っている。

「そんなに出たり入ったりしても仕方ないだろう。こっちまで落ち着かなくなる！」

新聞を読んでいた夫の弘樹《ひろき》にいわれ、お茶でもいれようと、一度はキッチンにもどってお湯をわかしたが、やはり落ち着かない。

弘樹《ひろき》はというと、人に「落ち着け」といいながら、新聞の内容《ないよう》も上の空。いつ車が自宅前《じたくまえ》に止まるやら、耳はそれだけに集中していた。

さゆりは、カノンがこの家にきたら、真っ先に「おかえり！」といいたかった。

その言葉どおり、カノンは田村家《たむらけ》に「やってくる」のではなく、もどってくるのだ。

カノンがさゆりの家にやってきたのは、10年前。

カノンが生後2か月のときだった。

さゆりは、リビングから和室に続く障子《しょうじ》のふちを見て笑った。

ふちはぼろぼろで、みぞがない。

「お父さん……、なつかしいね！　これ、やったの、カノンだよね」

「そうだったかなあ……。ココルじゃなかったか？　いや、サーシャだったかな？」

弘樹《ひろき》が真剣《しんけん》に考え始めた。

「カノンよ！」

「そういわれれば、そうだなあ。何しろ10年も前のことなんぞ、覚えてないさ」

さゆりの確信《かくしん》のこもった口調に、弘樹《ひろき》が折れた。

弘樹《ひろき》が混乱《こんらん》するのも無理はなかった。田村家《たむらけ》がパピーウォーカーとしてのボランティアを始めたのは19年前——。

当時小学生だった娘《むすめ》が「犬が飼《か》いたい」といい出したのが、きっかけだった。

犬を飼《か》ったことがなかったさゆりたち夫婦《ふうふ》は、犬の飼育《しいく》については全くの素人《しろうと》だった。

何度もせがむ娘《むすめ》の対応《たいおう》に困《こま》ったさゆりは、犬を飼《か》っていた友人の藤田加奈子《ふじたかなこ》に、犬の飼育《しいく》についていて、いろいろと相談することにした。

すると、加奈子《かなこ》は、「うちのポッキーを少し貸《か》してあげるから、散歩したり、いっしょに遊んだりしたら、どう？　犬との生活のイメージがわくわよ！」と気軽に提案《ていあん》してくれたのだった。もつべきものは友人だ。

さゆりは、加奈子《かなこ》の言葉にあまえて、早速《さっそく》、彼女《かのじょ》の犬、ラブラドール・レトリーバーのポッキーを、少しの間だけ預《あず》かることにした。

想像《そうぞう》以上に娘《むすめ》は大喜びだった。ポッキーがやってきたとたん、会話が増《ふ》え、家の中が一気に笑顔《えがお》であふれた。

犬って、こんなに家族の雰囲気《ふんいき》をよくしてくれる生き物なんだ……。

素直《すなお》にそう感じた。

ポッキーはとてもいい子で、よくトレーニングされていた。

加奈子《かなこ》にいわれたとおり、「カム」といえばすぐにとんでくるし、「シット」といえばさっと座《すわ》る——。

「犬って、こんなにかしこい生き物なの？」

聞くと、ポッキーは、盲導犬協会《もうどうけんきょうかい》から譲渡《じょうと》されたキャリアチェンジ犬だという。

「何？　それ？」

犬のことを何も知らないさゆりは、盲導犬《もうどうけん》に対する知識《ちしき》もあまりない。

盲導犬候補《もうどうけんこうほ》で訓練を受けた犬の中には、物音に敏感《びんかん》すぎたり、神経質《しんけいしつ》すぎたり、体質的《たいしつてき》におなかをこわしやすい子などがいる。そういう犬は、盲導犬《もうどうけん》としての仕事が難《むずか》しいと判断《はんだん》され、新しい飼《か》い主《ぬし》さんを募集《ぼしゅう》して譲渡《じょうと》される。それがキャリアチェンジ犬だ。

「こんなにかしこいのに、キャリアチェンジ犬……」

さゆりは素直《すなお》にそう思った。

どんなにかしこくても、盲導犬《もうどうけん》になれるとは限《かぎ》らない。盲導犬《もうどうけん》としての仕事を楽しいと思わず、我慢《がまん》だと感じる犬は、協会が盲導犬候補《もうどうけんこうほ》から外すというのだ。

盲導犬《もうどうけん》になれば、その仕事は8年ほど続く。我慢《がまん》の8年間は、犬にとってストレスが大きすぎるというのが、その理由だった。

加奈子《かなこ》の説明に、さゆりは大きくうなずいた。

「そんなわけで……、ポッキーは盲導犬《もうどうけん》という役割《やくわり》から、人間のパートナーという役割《やくわり》に進路変更《へんこう》した犬ってわけ。これがキャリアチェンジ犬」

加奈子《かなこ》がポッキーを思い切りなでた。ポッキーが大きなしっぽをぶんぶんふって、それに応《こた》えた。

「へえ……、でも、本当にかわいい。盲導犬《もうどうけん》のこと、ちょっといろいろ知りたくなっちゃった」

このキャリアチェンジ犬、ポッキーとの出会いがきっかけで、田村家《たむらけ》は盲導犬《もうどうけん》に大きな興味《きょうみ》を持ち、パピーウォーカーのボランティアを始めたのだった。

娘《むすめ》がキリスト教の学校に通っていたこともあり、障《しょう》がい者福祉《しゃふくし》に貢献《こうけん》できるというのも大きな理由だった。

しかし……、実際《じっさい》にパピーウォーカーを始めた田村家《たむらけ》は、最初に預《あず》かったラブラドール・レトリーバーの子犬、レオのちびっこギャングぶりに辟易《へきえき》させられた。

おしっこ、うんちは、どこでもお構《かま》いなし。その後始末をしている間に、ソファや畳《たたみ》、ドアなど、あらゆるところをかみまくる。

「レオ！　カム」と呼《よ》んでも、加奈子《かなこ》のポッキーのようにきてはくれない。そんなコマンドなぞ、どこふく風……。バタバタと家を走り回って、ゴミ箱に顔をつっこんだり、せまいところに入りこんだりする。

たえかねたさゆりは、協会に何度も電話をして、泣きついた。

「もう、お返しします……」と、のど元まで出かかったが、他《ほか》のパピーウォーカーたちががんばっていると思うと、はずかしくていい出せない。他《ほか》のみんなができるのに、自分たちだけが音《ね》を上げるというのもくやしかった。

とにかく10か月間やるしかない。

さゆりは、パピーレクチャーに毎回家族で通い、わからないことがあれば協会に電話をして、なんでも聞いて相談した。できるだけのことはやろうと思った。

このころには、もはや、レオのことで家中もちきりだ。

すると、どうだろう。預《あず》かって半年が過《す》ぎたころには、自分たち家族の言葉を徐々《じょじょ》に理解《りかい》し始め、少しずつではあるが、レオは、いうことを聞くようになっていた。

同時に、いたずらやあまがみも減《へ》っていった。

やがて、悪戦苦闘《あくせんくとう》の10か月が過《す》ぎ、訓練所にもどるときがやってきた——。

「かわいいな」とようやく思えたころに、別れはやってくる……。

やれやれと思っていたのに、レオが訓練所にもどっていくとき、さゆりも弘樹《ひろき》も子どもたちも大泣きしてしまった……。

その涙《なみだ》は、別れのさびしさでもあったが、同時に何かを達成できたという充足感《じゅうそくかん》と、だれかの役に立てたという自己肯定感《じここうていかん》でもあった。

そんな思いが後おししてか、田村家《たむらけ》は、その後もパピーウォーカーを続けることにした。

やんちゃなレオの飼育経験《しいくけいけん》が功を奏《そう》してか、2頭目の子犬のサーシャは、せまき門を突破《とっぱ》し、その後は見事盲導犬《もうどうけん》として活躍《かつやく》することができた。

そして、今日帰ってくるカノンも、田村家《たむらけ》が6番目に預《あず》かった子犬で、サーシャの次に盲導《もうどう》犬《けん》として仕事を果たした犬だったのだ。

「我《わ》が家《や》で9頭預《あず》かって、うち2頭が盲導犬《もうどうけん》、1頭がPR犬《ピーアールけん》か」

弘樹《ひろき》がぽつんといった。

PR犬《ピーアールけん》とは、盲導犬《もうどうけん》と同じ訓練を受けた犬で、盲導犬《もうどうけん》のPR《ピーアール》活動などでデモンストレーションを行う犬のことだ。

弘樹《ひろき》の独《ひと》り言《ごと》をとなりで聞きながら、さゆりは、「もうすぐカノンが帰ってくるからね！ いっしょに仲良くしてね」と、ココルに話しかけた。

「ココルとカノンがいっしょにいたのは、カノンが子犬のころの10か月間だ。ココル、覚えているか？ 覚えているよなあ」

弘樹《ひろき》が、いいながらココルの大きな頭をなでた。ココルが気持ちよさそうに目を細めて、しっぽをふった。

ココルは、パピーウォーカーとして、田村家《たむらけ》が預《あず》かった4頭目の子犬だったが、訓練所にもどって、わずか1か月で早々にキャリアチェンジとなってしまった。

その後、すぐに田村家《たむらけ》に譲渡《じょうと》されて、以来、ずっとこの家で家族としていっしょに暮《く》らしている。

ココルは、盲導犬《もうどうけん》には向かなかったようだが、やさしくて、人が大好きで、あまえんぼうで、家庭犬としては最高にいい犬だった。

今では、気ままに余生《よせい》を過《す》ごす、幸せなおばあちゃん犬といったところだ。

「思えば、ココルは多少頑固《がんこ》で、自分の都合で自由に行動する気ままな性格《せいかく》だから、盲導犬《もうどうけん》には向かなかったかもしれないな」

弘樹《ひろき》の言葉に、さゆりも大きくうなずいた。

ココルのような性格《せいかく》の犬は、人間の家族として、毎日のんびり気ままに過《す》ごすほうが向いている――。

ココルは、カノンの訪《おとず》れをせわしなく待っているさゆりの様子を気にしながらも、リビングの定位置で寝《ね》そべっている。そんなココルを見て、さゆりはほほ笑《え》んだ。

ココルがキャリアチェンジ犬となり、家族の一員となってからも、田村家《たむらけ》はカノンをふくめた5頭の子犬を預《あず》かった。しかし、9頭目の子犬のマリンがえらくやんちゃで手間がかかったこと、また、そのころには、すでに子どもたちも独立《どくりつ》し、自分たちも子犬の面倒《めんどう》をみるのが体力的にきつい年齢《ねんれい》に差しかかっていたこともあって、パピーウォーカーを辞《や》める潮時《しおどき》かなと、さゆりは考えていた。

その後、盲導犬協会《もうどうけんきょうかい》の方針《ほうしん》が変わり、パピーウォーカーは「犬を飼育《しいく》していない家庭のみで登録可能《とうろくかのう》」となったため、ココルを飼《か》っていた田村家《たむらけ》は対象外となった。

こうして、14年間続けた田村家《たむらけ》のパピーウォーカーのボランティアは、完全に終止符《しゅうしふ》を打ったのである。

キャリアチェンジ犬、ココルとの生活は平穏《へいおん》で幸せだった。

そのココルが15歳《さい》をむかえたころ、盲導犬《もうどうけん》となったカノンの現役引退《げんえきいんたい》が決まった。

今の自分たちであれば、時間的にも精神的《せいしんてき》にも、カノンの余生《よせい》を十分に見てあげられる。そう判断《はんだん》したさゆりたち夫婦《ふうふ》は、カノンの受け入れを迷《まよ》うことなく決意した。

カノンを再《ふたた》び我《わ》が家《や》にむかえ入れ、余生《よせい》をいっしょに過《す》ごしたいと考えたのである。

パピーウォーカーとして自分の育てた盲導犬《もうどうけん》の余生《よせい》を、再《ふたた》び自分たちで受け入れたいと願うボランティアは少なくはない。

生涯《しょうがい》の半分以上を、ひたすら人間のために働いてきたのだ。これからはのんびり過《す》ごしてほしい。これからはゆっくり年を取って行こう！

カノンを心からねぎらいたい気持ちだった。

パピーウォーカーだけではなく、引退犬《いんたいけん》を引き取って面倒《めんどう》をみたいという新規《しんき》ボランティアは後を絶《た》たない。これは、盲導犬《もうどうけん》協会にとってもうれしい悲鳴だ。

これらのボランティアたちのおかげで、盲導犬《もうどうけん》ユーザーは引退《いんたい》した犬の余生《よせい》を心配することなく、新しい犬をむかえることができる。

この命のバトンタッチがあってこそ、人も犬も幸せに暮《く》らせるのだった。

時計を見ながら、今か、今かと待っていたさゆりの近くで寝《ね》そべっていたココルの耳が、一瞬《いっしゅん》、ぴくんと動いた。

上半身を起こし、耳に全神経《ぜんしんけい》を集中しているのがわかる。

その様子に、さゆりは「きたわ！」といって、玄関《げんかん》に走っていった。

おばあちゃんになっても、ココルの耳はまだ確《たし》かで、よく聞こえるらしい。

玄関先《げんかんさき》に車が止まったのを見たさゆりは、あわてて表に出た。

そこには、顔見知りの盲導犬《もうどうけん》協会のスタッフと、少し年を取ったカノンの姿《すがた》があった。

「おつかれ様でした。お待ちしておりました」

「玄関《げんかん》からでよいですか？」

協会のスタッフが聞いた。

「庭からリビングに入れます。子犬のころ、カノンは、いつもリビングから下りた庭先で、ワン・ツー（トイレ）をしていたので、そこからがいいかなって思うんです」

カノンは、さゆりにリードを引かれ、庭にうながされた。

少しとまどったように、カノンが訓練士をふり返った。

「カノンのお仕事は、もう終わったんだよ。おつかれ様だったね」

さゆりは笑いながらカノンをねぎらった。

カノンが、庭のにおいをそっとクンクンかぎ始めた。

何度も何度も鼻を地面に当てて、においをかぎながらあちこち歩く。

盲導犬《もうどうけん》の仕事を引退《いんたい》し、10歳《さい》になったカノン。

そして、地面にしゃがんでおしっこをした。

さゆりが思わず「グッドー！」といい、カノンの頭をなでた。

10年前の小さなカノンが、あざやかによみがえった——。

カノンはしっぽをふって、さゆりを見上げた。


カノンは、中途失明者《ちゅうとしつめいしゃ》の水谷早苗《みずたにさなえ》の盲導犬《もうどうけん》として、早苗《さなえ》とその夫といっしょに地方都市で暮《く》らしていた。

さゆりは、早苗《さなえ》と何度か電話で話したり、会ったりしたことがある。早苗《さなえ》は、犬本来のよさとかわいらしさを、とてもよく理解《りかい》している女性《じょせい》だった。

その早苗夫婦《さなえふうふ》が田村家《たむらけ》を訪《おとず》れたのは、引退《いんたい》するカノンの引き取りが決まって、しばらくたったころのことだ。

早苗《さなえ》は、引退後《いんたいご》のカノンがどんな家で暮《く》らすのか、訪《たず》ねてみたいと思ったのだろう。

もちろん、カノンもいっしょだ。

さゆりは、久《ひさ》しぶりに会うカノンを見て、「カノン……、久《ひさ》しぶり」といった。

カノンは、すべてを覚えているようだった。

さゆりを見てしっぽをふり、クンクンと鼻を鳴らして、家の中の空気をかいだ。

いろんな思いがこみ上げてきたが、早苗《さなえ》といっしょにいるときは、カノンにとって仕事をしている時間だ。

さゆりは、落ち着きを保《たも》ったまま、早苗夫婦《さなえふうふ》を自宅《じたく》のリビングに招《まね》き入れて、お茶の準備《じゅんび》をした。

「カノンは、わたしにとって、初めての盲導犬《もうどうけん》なんです。本当にかわいくて、かわいくて……。でも、とうとうカノンの引退《いんたい》が決まり、お別れの日が近づいてきました……」

早苗《さなえ》の言葉に、しばらく沈黙《ちんもく》が続いた。

その沈黙《ちんもく》を破《やぶ》ったのは、健常者《けんじょうしゃ》である早苗《さなえ》の夫だった。

「わたしは障《しょう》がい者《しゃ》ではないので……、このままカノンを引き取って、カノンが亡《な》くなるまでいっしょに暮《く》らしても問題ないとも思ったのですが……」

言葉はそこで途絶《とだ》え、再《ふたた》び沈黙《ちんもく》が訪《おとず》れた。

「田村《たむら》さんのところにもどるのが一番いいよね……。そう判断《はんだん》したんです」

早苗《さなえ》がカノンをなでながらいった。

「カノンを本当に大切に思うのなら、自分たちの気持ちをカノンにおしつけるのではなく、カノンの一番の幸せを考えることにしようって、夫婦《ふうふ》で話し合ったんです」

早苗夫婦《さなえふうふ》にこんなに愛されて、カノンは本当に幸せだとさゆりは思った。

「これからは、わたしたちにお任《まか》せください」

「ええ……、田村《たむら》さんは、カノンの育ての親です。一番安心できます。本当に、ありがとうございます」

カノンは、早苗《さなえ》の足元で静かに座《すわ》っていた。

「子犬で、我《わ》が家《や》に預《あず》かったときは、よくはしゃいでとび回っていて、すごく元気いっぱいでした」

さゆりは少し涙《なみだ》ぐんだ。

たわいない会話は続いたが、長居《ながい》すると後《うし》ろ髪《がみ》を引かれると思ったのか、早苗夫婦《さなえふうふ》は「そろそろ……」と、帰る支度《したく》を始めた。

「カノン……、あとしばらくで、このハーネスもつけなくていいんだよ……。お仕事は、もうすぐ終わり。これから君は、君を育ててくれたお母さんのそばで、幸せに暮《く》らすのよ……。今まで、本当にありがとう……」

早苗《さなえ》が立ち上がると、カノンもすっと立ち上がった。

さゆりは、ゆっくりと歩いて玄関《げんかん》に行く早苗《さなえ》とカノンの後《うし》ろ姿《すがた》を、ずっと見ていた。

その姿《すがた》は、少しさびしげに見えた。

カノンは、自分の定年退職《たいしょく》が間近であることをわかっているのだろうか。

カノンのものいわぬ後《うし》ろ姿《すがた》を見て、さゆりは思った。

この家から旅立って9年——。

その9年間が、カノンにとって、大きな責任《せきにん》を背負《せお》って生きてきた時間であったこと。

そのすべてが、早苗《さなえ》の安全を守るための大切な時間であったこと。

そして何より……、早苗夫婦《さなえふうふ》のあふれんばかりの愛に包まれた日々であったこと――。

早苗《さなえ》のもとを離《はな》れ、9年ぶりに帰ってくるカノンと自分たちが、再《ふたた》び家族のきずなをつくるのには、少し時間がかかるかもしれない。

しかし、あせることなど何もない。ゆっくり歩いて、ゆっくり待とう――。

自分たち夫婦《ふうふ》も同じように年を取った。つっ走れといわれても、もう走れない年だ。

カノンのペースは自分たちのペースだと、さゆりは自分を納得《なっとく》させて、その日をむかえる決心をした。

引退《いんたい》をして、田村家《たむらけ》にもどってきたカノンは、その日から家の中ではココルに遠慮《えんりょ》して、リビングのはしっこを自分の居場所《いばしょ》にしていた。ココルをいつも立てて、ココルの出方を見て、自分の出方を決める。

そんなカノンの気づかいのおかげか、ココルとカノンの関係はいたって良好だった。

しかし、その遠慮《えんりょ》や気づかいは、ココルだけに向けられたものではないようにも見えた。

丸まって眠《ねむ》るカノン。

早苗《さなえ》と別れ、仕事を失ってしまったこと、今までの生活が一変してしまったことに、とまどいと不安を感じているのだろうか。

「カノン……、もういいんだよ。安心して、いいんだよ」

さゆりは、何度も何度もカノンにいって聞かせた。


それから1年が過《す》ぎたころ、高齢《こうれい》だったココルは息を引き取った。

16歳《さい》と9か月の大往生《だいおうじょう》だった。

カノンは、大泣きするさゆりの近くで、ココルの死を静かに見ていた。

やがて、手配した葬儀屋《そうぎや》の車がやってくると、さゆりは弘樹《ひろき》と娘《むすめ》といっしょに、ココルの亡《な》きがらが入った段《だん》ボールを車のうしろに乗せた。

大型犬のココルの亡《な》きがらは、大人3人でも腰《こし》がぬけるかと思うほどの重さだったが、自分たちの手でどうしても運びたかった。

ココルは、きれいな花でうめつくされた段《だん》ボールの中で、安らかに眠《ねむ》っていた。

そのときだった――。

さゆりたちの様子を近くからそっと見ていたカノンが、ココルを乗せた場所にぴょんと飛び乗ったのだ。

「カノン！　だめよ……。カノンはお留守番《るすばん》なの……」

さゆりは何度も降《お》りるようにいったが、カノンはココルの亡《な》きがらから離《はな》れようとしない。

頑固《がんこ》さなど少しも見せなかったカノンの思いがけない行動に、さゆりも弘樹《ひろき》もおどろいた。

「カノン……、ごめんね……。カノンはいっしょに行けないのよ。お留守番《るすばん》なの……」

どうしたものか迷《まよ》ったが、ぐずぐずしていると、予約した火葬《かそう》の時間に間に合わなくなる。

仕方なく、強引《ごういん》にカノンを車から降《お》ろし、さゆりはカノンを家の中に導《みちび》いた。

それでもカノンは、窓《まど》からココルを乗せた車をいつまでもじっと見ていた――。

ココルが亡《な》くなって1年、カノンが田村家《たむらけ》にもどって2年の歳月《さいげつ》が過《す》ぎた。

先住犬のココルがいなくなっても、カノンはまだ何かに気づかい、遠慮《えんりょ》して毎日を過《す》ごしているように見えた。

「カノンも年を取ったように、あの日から自分たちも年を取った。ゆっくり歩いて、ゆっくり待とう……」

日ごろさゆりが考えていたことと同じことを弘樹《ひろき》がいったので、さゆりは思わず笑ってしまった。さゆりが、となりで寝《ね》ていたカノンをなでた。

すると、どうだろう——。

カノンは気持ちよさそうに仰向《あおむ》けになって、おなかをころんと天井《てんじょう》に向けて、さゆりに見せたのだ。この無防備《むぼうび》な姿勢《しせい》は、犬にとって警戒心《けいかいしん》が全くないことを意味する。

こんなことは、もどってきてから初めてのことだった。

目を細めて、「なでて！」といっているように見える。

さゆりは、うれしさのあまり、カノンのおなかを目いっぱいさすってやった。

カノンが、気持ちよさそうに目を閉《と》じている。

「ここは、カノンのおうちなんだよ。カノンは、うちの子なんだから！　ね？」

犬には、犬のタイミングがあるらしい。

それは、カノンが、心から「もう安心していいんだ」と思えた瞬間《しゅんかん》だったのだ。

その日から、あまえる、はしゃぐ――。カノンは、普通《ふつう》の家庭犬が見せるような仕草を、さゆりたちに見せ始めた。

これからも、カノンのペースに合わせて歩み寄《よ》ればいい。

さゆりは、ようやく自分たちにあまえるようになったカノンの顔を、両手で挟《はさ》みキスをした。

愛《いと》しさが全身からこみ上げた。

その思いは、9年間という月日のみぞをうめてくれた。

「ここはカノンのおうち！　ほら！　あの障子《しょうじ》のふち……、だれがやったのかなあ……。覚えてる？」

さゆりが冗談《じょうだん》まじりにいった。

カノンが首をかしげながら、さゆりの指さしたほうを見た。

おたがいあせらず、ゆっくり信頼《しんらい》関係を取りもどそう――。

思い出は、君がいたそのときのままにしてある。

まだ小さくて、ころころだった君が、いたころのままに……。

カノンが障子《しょうじ》のふちに鼻をくっつけ、クンクンとにおいをかいで、しっぽを大きくふった。

＊「5．盲導犬《もうどうけん》・命のバトンのアンカー」の章は、ご本人の希望により、登場人物、犬はすべて仮名《かめい》にしています。

盲導犬《もうどうけん》現役《げんえき》時代のカノンの写真。

エピローグ　新たな世代へ

「これが、盲導犬《もうどうけん》の一生です。1頭の盲導犬《もうどうけん》が一生を終えるまでに、実に多くの人たちが関わっているということがわかったよね。ちなみに引退《いんたい》したカノンちゃんは、今12歳《さい》で、田村《たむら》さんのおうちで元気にしているそうですよ！」

障《しょう》がい者福祉《しゃふくし》の授業終盤《じゅぎょうしゅうばん》、恵子《けいこ》は、引退《いんたい》ボランティアと引退犬《いんたいけん》の余生《よせい》のことを、子どもたちに説明した。

「カノンちゃんは、死ぬまでずっと、そこのおうちにいるの？」

「うん！　家族として大切に見守られながら、死ぬまでいっしょに暮《く》らしていくんだよ。カノンちゃんは10歳《さい》で引退《いんたい》したから、ちょうどみんなと同じ年で、お仕事を引退《いんたい》ってことになるね」

犬は、人間とちがい、かけ足で年を取っていく。

その一生は短くとも、わたしたち人間に多くのことを教えてくれるものだと恵子《けいこ》は思った。

10歳《さい》になったコンフィは、どこで何をしているだろう。

無事、盲導犬《もうどうけん》となったのなら、引退後《いんたいご》は必ず自分の家にむかえ入れたいと恵子《けいこ》は考えていた。

「さあ、今日は2時間にわたる、視覚障《しかくしょう》がい者《しゃ》の人たちのこと、そして盲導犬《もうどうけん》についての話でした。望月操《もちづきみさお》さんのように目が不自由な人の思い、それから、盲導犬《もうどうけん》がどのように訓練を受けて、どんなお仕事をしていくのか、渋谷智子《しぶやともこ》さんのお話でわかりましたね。それから、盲導犬《もうどうけん》になれなかった犬たちの幸せも、ここまでのお話で、みんなわかったと思います」

恵子《けいこ》がいうと、子どもたちは「はい！」と元気よく返事をした。

「盲導犬《もうどうけん》は、スーパードッグでは？」

恵子《けいこ》が聞くと、子どもたちが「ありません！」と声をそろえた。

「盲導犬《もうどうけん》は、どこにでも連れていってくれるナビゲーションシステムでは？」

「ありません！」

「指示《しじ》を出すのは？」

「人間です！」

「そして、盲導犬《もうどうけん》は、視覚障《しかくしょう》がい者《しゃ》の歩行補助具《ほじょぐ》では？」

「ありません！　歩行を助ける、命ある生き物です！」

「じゃあ、その命が最後までいきいきとかがやくためには、何が必要かな？」

「人間が、その命のバトンを上手につないでいくこと」

そのために、自分たちひとりひとりに何ができるのか。それは一生かけて答えを出し続ける宿題《しゅくだい》だと、恵子《けいこ》は自分自身にいい聞かせた。

「さあ、みんなが盲導犬《もうどうけん》について、きちんと理解《りかい》したところで、授業《じゅぎょう》の最後にスペシャルゲストを紹介《しょうかい》したいと思います」

「……？」

子どもたちはきょとんとして、教室のドアを見ている。

恵子《けいこ》の母親のたま子《こ》に連れられて、小さなコンフィが教室のドアからちょこんと顔を出した。

「盲導犬候補《もうどうけんこうほ》の子犬！　コンフィです！」

「キャー！」

一斉《いっせい》に子どもたちが歓喜《かんき》の声を上げ、コンフィに大きな拍手《はくしゅ》を送った。

たま子《こ》が差し出したコンフィのリードを、恵子《けいこ》はしっかりと受け取った。

子どもたちの黄色い声にコンフィはちょっとおどろいたが、恵子《けいこ》にうながされると、おくすることなくしっぽを左右にふって、教室に入ってきた。

「かわいい〜！」

子どもたちの声が、教室中に何度もひびきわたった。

「コンフィは、盲導犬《もうどうけん》になるために一所懸命《いっしょけんめい》いろんなことをお勉強中です」

「今、何歳《なんさい》なんですか？」子どもたちが聞いた。

「生後半年になります。体重は18キログラムくらいかな？　あと半年して1歳《さい》になったら、コンフィは盲導犬《もうどうけん》協会の訓練所にもどって、訓練を受けて、2歳《さい》になるころまでには盲導犬《もうどうけん》になるのか、キャリアチェンジとなるのかが決まります」

「盲導犬《もうどうけん》になってほしいなあ」

子どもたちがコンフィを見ながらいった。

「そうだね。なってほしいね。そのために、今、いろんなことを勉強してるんだもんね。さあ、ここで、もう一度、今日の授業《じゅぎょう》のおさらい！　これから街で、もし、盲導犬《もうどうけん》を連れているユーザーさんに会ったら？」

「盲導犬《もうどうけん》には声をかけないで、ユーザーさんに声をかけます！」

「なんて声をかけますか？」


〝何かお手伝いしましょうか？〟


子どもたちの声が一斉《いっせい》にひびいた。

なんといい言葉なのだろう――。

「何かお手伝いしましょうか」

障《しょう》がい者《しゃ》だけでなく、だれにでもそういえる子どもたちになってほしい。

それが、恵子《けいこ》の福祉授業《ふくしじゅぎょう》の一番の目的だった。

「いい言葉だね！　じゃあ、せっかくコンフィがきているので、みんな順番にコンフィをなでて、ふれあってください」

教壇《きょうだん》の前に整列した子どもたちが、コンフィを順番になで始めた。

子どもたちが、次々に「かわいい！」「あったかい」とおどろきの声をあげた。

あったかいのは、そこに命が宿っているからだ。

かわいいのは、人間に愛情《あいじょう》を注がれているからだ。

命のぬくもりとは、そういうものなのだ。

だから——、尊《とうと》いのである。

コンフィはというと、子どもたちになでられて多少つかれてはいるものの、ちょこんと座《すわ》って、おとなしくしている。

しっぽも下がっていない。おびえてもいなければ、興奮《こうふん》もしていない。

子どもたちの黄色い声にも、大勢《おおぜい》からのスキンシップにも、落ち着いて対応《たいおう》できていると恵《けい》子《こ》は思った。

たくさんの子どもたちとのふれあいも、また、大切なパピートレーニングのひとつだった。

コンフィのためにも、授業《じゅぎょう》に同伴《どうはん》させてよかった――。

100点満点とはいかないまでも、コンフィ同伴《どうはん》の授業《じゅぎょう》は、恵子《けいこ》にとって満足のいく結果に終わった。

「これで、福祉《ふくし》の授業《じゅぎょう》を終わります！」

恵子《けいこ》はコンフィを横に座《すわ》らせ、子どもたちひとりひとりの顔を見ながら大きな声でいった。

その直後、タイミングよく、チャイムがひびいた。

恵子《けいこ》がコンフィを連れて教室を出ると、子どもたちがコンフィを追って、廊下《ろうか》に続いた。

「コンフィ！　コンフィ！　コンフィ！」

子どもたちの笑顔《えがお》に囲まれながら、コンフィはしっぽをふりふり、恵子《けいこ》に続いて廊下《ろうか》を歩く。

人間は自分にとって「敵《てき》」ではなく、「大切な味方」だとコンフィは感じていることだろう。

そう思ってもらえることが、パピーウォーカーの最大の仕事なのだ。

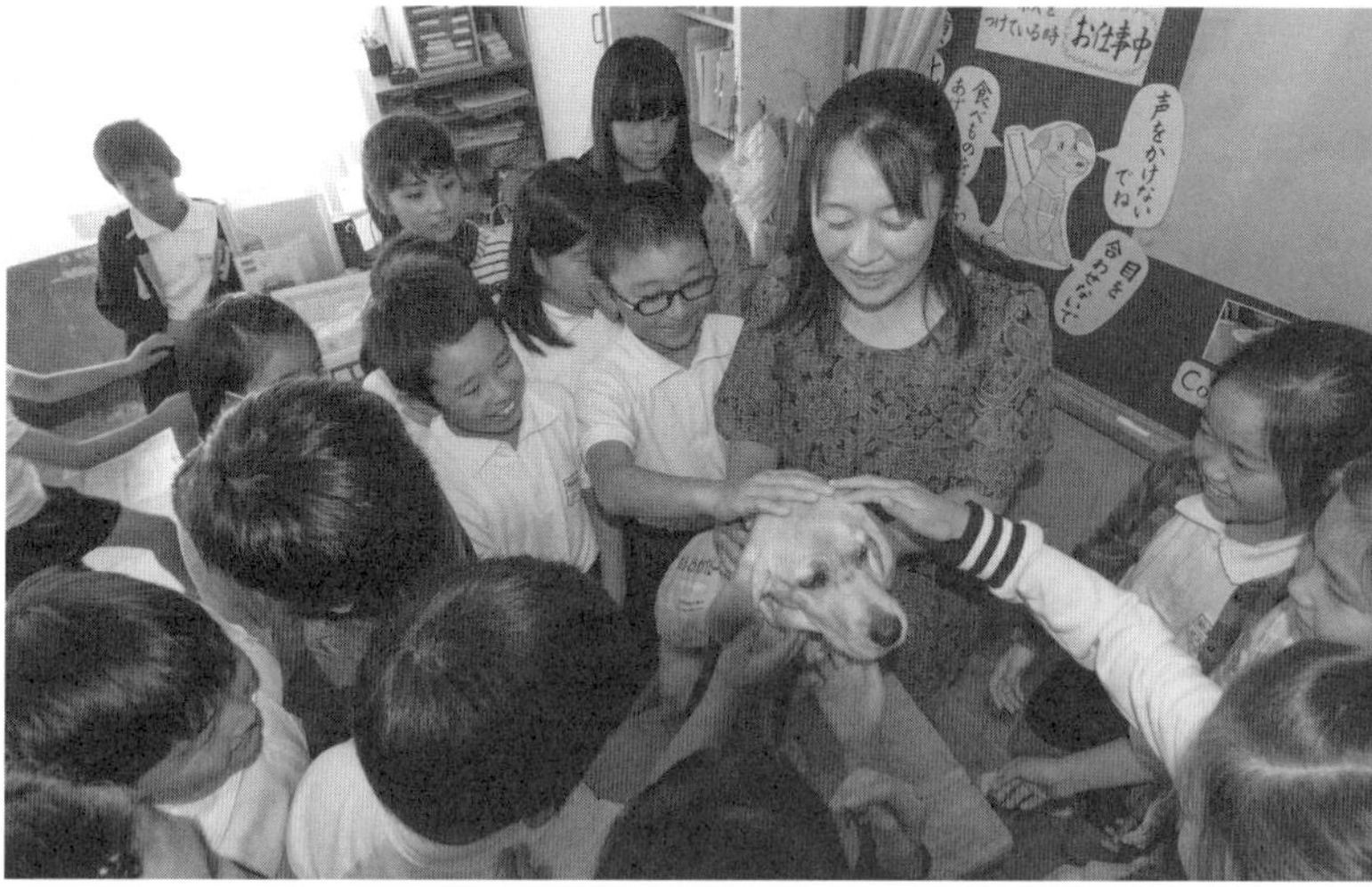

福祉《ふくし》授業《じゅぎょう》の最後に行われた、コンフィとのふれあいタイム。

福祉《ふくし》授業《じゅぎょう》が終わってコンフィとの記念撮影《さつえい》。

〝人間が大好きで、人間に夢中《むちゅう》になる犬に育ててくださいね――。〟

委託式《いたくしき》のときに訓練士にいわれたこの言葉を、恵子《けいこ》が忘《わす》れたことは一度もなかった。子どもたちは、コンフィの「夢中《むちゅう》づくり」に大きな力を貸《か》してくれたのだ。恵子《けいこ》は、子どもたちのコンフィを見る温かいまなざしに感謝《かんしゃ》した。

これから街で盲導犬《もうどうけん》を見かけたら、この子たちは、きっと今日の授業《じゅぎょう》のことを、コンフィのことを、思い出してくれるだろう。障《しょう》がい者《しゃ》たちにも、積極的に声をかけてくれるだろう。そして10年後、彼《かれ》らが大人になっても、今日の出来事を覚えていてくれたら――と恵子《けいこ》は願わずにはいられなかった。

そのころ、コンフィは――。

盲導犬《もうどうけん》としての使命を果たし、引退犬《いんたいけん》として、再《ふたた》び自分の家にもどってきているだろうか。知里《ちさと》は23歳《さい》、洋介《ようすけ》は20歳《さい》になっている。自分と夫の光弘《みつひろ》は教師《きょうし》を続け、母のたま子《こ》はまだまだ元気で、大好きな野菜づくりをせっせと家庭菜園で続けているだろう。

そこに、盲導犬《もうどうけん》の仕事を引退《いんたい》して、おばあちゃんになったコンフィの姿《すがた》があるのだろうか。

恵子《けいこ》は、まだ見ぬコンフィと自分たち家族の未来に、さまざまな想像《そうぞう》をめぐらせた――。


その翌年《よくねん》の5月21日午前10時、パピー修了式《しゅうりょうしき》が、神奈川県横浜市《かながわけんよこはまし》にある日本盲導犬《もうどうけん》協会神奈《かな》川《がわ》訓練センターで行われた。

緑が目にまぶしい、晴れわたった日曜日の午後のことだった。

今日で、犬たちはパピーウォーカーのもとを離《はな》れ、これから本格的《ほんかくてき》な訓練に入る。

この日の入所は、委託式《いたくしき》でいっしょだったB《ビー》胎《たい》、C《シー》胎《たい》に加え、Y《ワイ》胎《たい》、W《ダブリュー》胎《たい》もいっしょだったため、20頭近い犬が集まった。

修了証《しゅうりょうしょう》を順番に受け取り、訓練所に入ってからのトレーニングのデモンストレーション、撮《さつ》影《えい》大会が約2時間にわたって行われる。

この会場に着いたときから、恵子《けいこ》の涙腺《るいせん》はゆるみっぱなしだ。

刻一刻《こくいっこく》と、コンフィとのお別れの時間が近づいていた。

そして、時計が正午ちょうどを指したとき、その瞬間《しゅんかん》がついに訪《おとず》れた。

コンフィのリードが、訓練士の持つ別のリードにつけかえられた。

コンフィの体から離《はな》れたリードが軽くなった瞬間《しゅんかん》、恵子《けいこ》の目から大つぶの涙《なみだ》が、ぽろぽろと止まることなくこぼれ落ちた。

コンフィは訓練士にうながされ、ためらう様子もなく、元気にドアに向かって歩き始めた。

親の心、子知らずだ――。

その姿《すがた》は、卒業証書《しょうしょ》を受け取り、「くるり」と背中《せなか》を向けて歩く、卒業式の子どもの姿《すがた》と重なった。何度経験《けいけん》しても……、その日は、教師《きょうし》としてどうしようもなく悲しい日であり、どうしようもなくうれしい日でもあった。


〝今日でパピーは卒業だね！　コンフィ……、おめでとう！〟

修了式《しゅうりょうしき》で、修了証《しゅうりょうしょう》を受け取る野村《のむら》一家。

JAPAN GUIDE DOG ASSOCIATION

修了証

野村 光弘様 ご家族 皆様

C15胎 コンフィ

あなたはパピーウォーカーとして約1年間にわたり、深い愛情を持って盲導犬パピーとともに暮らし、盲導犬育成事業に貢献されました。ここに感謝の意を表すとともに、盲導犬パピー育成を修了したことを証します

平成29年5月21日

公益財団法人 日本盲導犬協会
理事長 井上 幸

J.G.D.A.

「コンフィ、元気でね……」別れのときがやってきた。

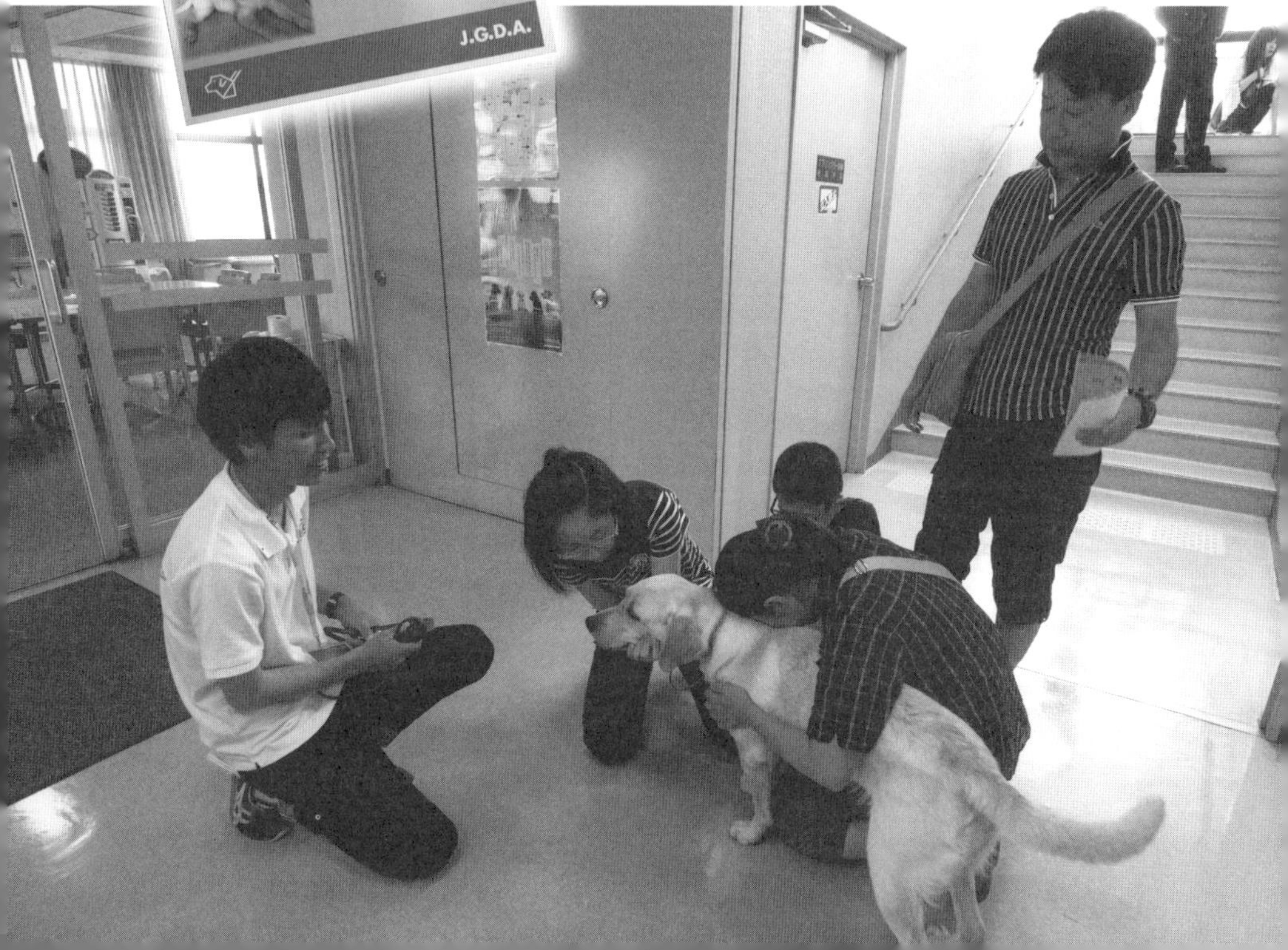

恵子《けいこ》たち家族は、コンフィが見えなくなるまで、泣きながらずっとコンフィを見送っていた。

恵子《けいこ》の中に、コンフィとの10か月間の出来事が、次々とよみがえってきた――。

楽しいことばかりではなかった。

コンフィがきたばかりのころ、体調がすぐれず、心配で、コンフィの寝《ね》ているサークルのそばで夜を明かしたこともあった。パピートレーニングが思うようにいかず、レクチャーでは悪《あく》戦苦闘《せんくとう》が続いた。最初は寝《ね》てばかりで何にも興味《きょうみ》を示《しめ》さないコンフィに、何度も泣かされた。

しかし、去っていくコンフィの背中《せなか》を前に、今思い出すのは、コンフィとの楽しかった思い出ばかりだ。


コンフィのおしりをまくらにして昼寝《ひるね》をしたこと……。

コンフィのわけのわからない寝言《ねごと》に、みな大爆笑《だいばくしょう》したこと……。

旅先で、記念にとったコンフィの足型……。

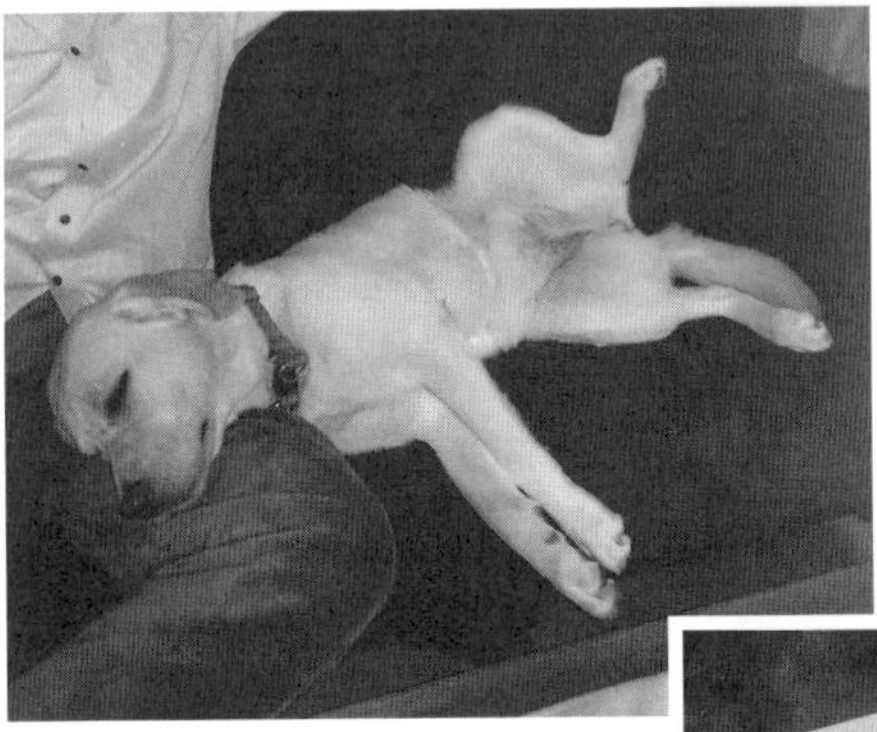

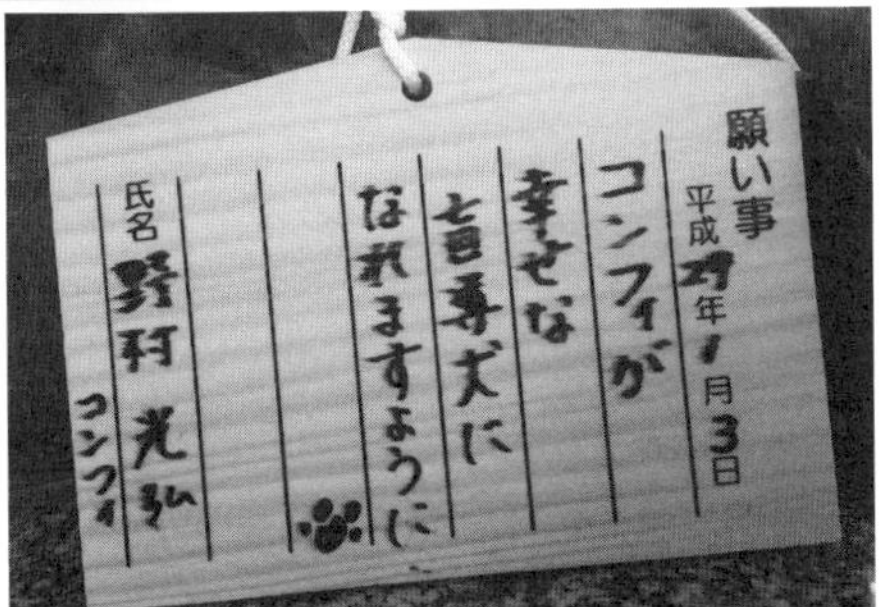

野村《のむら》一家にとって宝物《たからもの》となった、
コンフィとのたくさんの思い出。

盲導犬合格祈願《もうどうけんごうかくきがん》をした最初で最後の初詣《はつもうで》……。

そして、知里《ちさと》が勉強しているそばで、いっしょに教科書をのぞいて座《すわ》っていたコンフィ。

夫のひざに頭をのせて、寝《ね》るのが好きだったコンフィ。

大洗《おおあらい》海岸で、砂《すな》を夢中《むちゅう》でほっていたコンフィ。

掃除機《そうじき》の音に全く反応《はんのう》せず、すやすや眠《ねむ》っていたコンフィ。

夢中《むちゅう》になって、噴水《ふんすい》の水と格闘《かくとう》していたコンフィ……。


わずか、10か月間だったが、コンフィとの思い出は、数えきれないほどになっていた。

「コンフィ……」

恵子《けいこ》は、小さな声でコンフィの背中《せなか》に向かってつぶやいた。

一度でいい……、ふり返ってほしい……。

「コンフィ……」

コンフィは、ついに一度も後ろをふり返らなかった——。

「……ぼく……、さみしいよ……。お母さん……」

洋介《ようすけ》が、涙《なみだ》で顔をくしゃくしゃにしながらいった。

「……コンフィ……、ふり返らないで堂々と行ったね……。お母さん……」

知里《ちさと》の目も涙《なみだ》でいっぱいだ。

犬たちがいなくなった会場は、妙《みょう》にがらんとして、冷えた空気に包まれていた──。

あとがきにかえて

犬が大好きで、これまで犬のノンフィクションを何冊《なんさつ》も書いてきた。多くが、人間社会からうとまれ、捨《す》てられた犬たちの話だったが、今回、それとは全く異《こと》なる犬の本を手がけることになった。

選ばれた血統《けっとう》の中で生まれ、人間の愛情《あいじょう》をたくさん受けて育ち、視覚障《しかくしょう》がい者《しゃ》のために働く「盲導犬《もうどうけん》」。

きっかけは、2年ほど前、知り合った盲導犬《もうどうけん》ユーザーさんの話だった。

「以前、小学4年生を対象に、盲導犬《もうどうけん》について話す機会があり、子どもたちにこんな質問《しつもん》をしました。

『盲導犬《もうどうけん》！　東京《とうきょう》駅まで連れていって！』といったら、犬はちゃんと東京《とうきょう》駅まで連れていってくれると思いますか？　連れていってくれると思う人、手を挙げてください。

……すると、どうなったと思いますか？

なんと約半数の子どもたちが、迷《まよ》うことなく手を挙げたんです。」


この話を聞いて、わたしは唖然《あぜん》とした。

「盲導犬《もうどうけん》は、スマートフォンのナビゲーションシステムと同じ」と、多くの子どもたちは真剣《しんけん》に思っているようだ。

このままではいけない。何とかしなければ……。

命ある生き物を、ただの道具と人間が考え、あつかうようになれば、犬の命の尊厳《そんげん》がおびやかされる――。

子どもたちに、「盲導犬《もうどうけん》」という働く犬を正しく理解《りかい》してもらい、やさしさをもって、接《せっ》してもらいたい。

取材にとりかかる前は、そんな思いが強かった。

そして、当たり前だが、盲導犬《もうどうけん》を知ることは、視覚障《しかくしょう》がい者《しゃ》を知ることでもあった。

本書に登場する望月操《もちづきみさお》さんは、全盲《ぜんもう》の視覚障《しかくしょう》がい者《しゃ》である。光を感じていたころの記憶《きおく》は全くない。視覚《しかく》でしか記憶《きおく》できない「色」は、彼女《かのじょ》にとって、想像《そうぞう》の世界でしかなかった。

だが、望月《もちづき》さんの想像《そうぞう》の中の色彩《しきさい》は、実際《じっさい》の色とまちがいなく一致《いっち》していると、わたしは感じた。

見えない人にも見えるものがある——。

そう素直《すなお》に思えた瞬間《しゅんかん》、視覚障《しかくしょう》がい者《しゃ》の方のことを、ほんの少し理解《りかい》できたような気がした。

全盲《ぜんもう》の望月《もちづき》さんに続いて、ここでもうひとりご紹介《しょうかい》したいユーザーさんがいる。

名前は森山夏気《もりやまなつき》さん。会ったとき、彼女《かのじょ》は24歳《さい》の大学生だった。

先天性網膜色素変性症《せんてんせいもうまくしきそへんせいしょう》で視野《しや》が狭《せま》く、見えるのは視界《しかい》の中心のみで、周りはほとんど見えない。光は感じることができるが、色の判断《はんだん》は難《むずか》しいという。

眼鏡《めがね》をかけていて、一見、普通《ふつう》の女子大生にしか見えないため、視覚障《しかくしょう》がい者《しゃ》だと他人は思わない。そのため、幼《おさな》いころからの苦労が多々あった。

彼女《かのじょ》は普通《ふつう》の小学校に通ったが、黒板の字を読むことが困難《こんなん》なため、放課後はその足で盲学《もうがっ》校《こう》に行った。全盲《ぜんもう》ではないため、自身の判断《はんだん》で、点字ではなく、単眼鏡《たんがんきょう》（片手《かたて》で持てる筒状《つつじょう》の望遠鏡）やルーペで、文字を速く読む練習を何度も重ねた。

おかげで、単眼鏡《たんがんきょう》もルーペも使いこなせるようになったが、その読み取りには、視覚《しかく》に障《しょう》がいのない人の数倍も時間がかかる。小学校での授業《じゅぎょう》は、人一倍集中しなければならなかった。

小学生のころは、「視覚障《しかくしょう》がい＝全盲《ぜんもう》」と思っている子どもが多く、「視覚障《しかくしょう》がいがある」と周囲に伝えても、なかなかわかってもらえなかった。

「目が見えているのでは？」と誤解《ごかい》され、「本当に見えないの？　本当に？　じゃあ、なんで眼鏡《めがね》かけてるの」とクラスメートに疑《うたが》われた。

それでも、弱音をはかず、人にたよることもなく、体育の授業《じゅぎょう》にも他《ほか》の子どもたちと同じように参加した。よく見えないため、顔面で何度も受けたバレーボールの痛《いた》さは今も忘《わす》れない。

どんなことにもチャレンジして、やりたいことをあきらめない。

「障《しょう》がいは、夢《ゆめ》をあきらめる理由にならない」と、夢《ゆめ》の実現《じつげん》に向けて、ひたすら前に進む――。

そんな森山《もりやま》さんが、高校生のころに目指したのが、卒業後の海外留学《りゅうがく》だった。

しかし、目が不自由な彼女《かのじょ》は、通り慣《な》れた普段《ふだん》の道でさえ、歩くのに苦労する。標識《ひょうしき》や案内図を見るのも、単眼鏡《たんがんきょう》を使わなくてはならない。

そんな状態《じょうたい》での留学《りゅうがく》は、さすがの森山《もりやま》さんでも不安が大きかった。

森山《もりやま》さんが盲導犬《もうどうけん》と出会ったのは、そのころのことだ。

「盲導犬《もうどうけん》は、全盲《ぜんもう》の人でないとだめかと思っていたんですが……、そうではなかったんです」

森山《もりやま》さんは、きらきらとした表情《ひょうじょう》で、当時のことを話してくれた。

そして出会ったのが、森山《もりやま》さんにとって初めての盲導犬《もうどうけん》、ドーラだ。

森山《もりやま》さんは盲導犬《もうどうけん》ユーザーとしての訓練を受け、その後、ドーラをともなってニュージーランドへの留学《りゅうがく》の夢《ゆめ》を実現《じつげん》させた。

「ドーラといっしょに歩いていることで、視覚障《しかくしょう》がい者《しゃ》だと相手が気づいてくれます。そのおかげで、人をたよれるようになりました。困《こま》っているときに『お願いします』といえるようになったのは、ドーラのおかげです」

森山《もりやま》夏気《なつき》さんと
盲導犬《もうどうけん》・ドーラ。

単眼鏡《たんがんきょう》を使って、標識《ひょうしき》を確認《かくにん》する。

ドーラをむかえるまでの森山《もりやま》さんは、人ごみで人をよけて歩くのに、とても神経《しんけい》を使っていた。白杖《はくじょう》を持っていても、多くの人はそれに気づいてくれない。

しかし、ドーラがいれば、当然、人をよけて歩いてくれる。

さらに、ラブラドール・レトリーバーのドーラ自身が目立つため、歩行者からドーラをよけて歩いてくれるようになった。

歩行は、ドーラのおかげで、障《しょう》がいがあるとは思えないほど、スムーズでスピーディーだ。

ドーラへの配慮《はいりょ》も忘《わす》れない。夏の不要な外出はしないし、どうしても出かけなければならないときは、くつをはかせる。

ドーラは、活動的で積極的な森山《もりやま》さんに、なくてはならない大切なパートナーとなった。

「ドーラがいないときは、駅で標識《ひょうしき》を読むのに単眼鏡《たんがんきょう》を使用するため、立ち止まらなくてはならなかった。すると、後ろから歩いてくる人のじゃまになってしまう。でも、ドーラがいてくれれば、人をよけることや足元に注意しなくていいから、単眼鏡《たんがんきょう》をのぞきながら歩くことができる。それだけではありません。人や足元に不安がなくなれば、顔を上げて、きょろきょろと周りの様子を見ることができる。ドーラがくるまでは、人をよけることだけに気を使って歩いていたのですから、こんなに素晴《すば》らしいことはありません」

森山《もりやま》さんは大学を卒業し、現在《げんざい》は企業《きぎょう》の人事部で働いている。

もちろん、通勤《つうきん》も勤務中《きんむちゅう》もドーラがいっしょだ。会社は、ドーラの社員証《しゃいんしょう》までつくってくれた。森山《もりやま》さんの社会人生活は、ドーラとともに順風満帆《じゅんぷうまんぱん》だ。

そのドーラも、もう8歳《さい》。あと2年ほどで引退《いんたい》となるため、次の犬のことを考えなければならない時期だという。

「2頭目がくると、きっとドーラと比《くら》べてしまうと思う……。それでも次の犬を受け入れようと前向きになれるのは、ドーラの引退後《いんたいご》を引き受けてくれるボランティアさんがいるおかげです。感謝《かんしゃ》しています」

望月《もちづき》さんも、森山《もりやま》さんも、自分の歩行を安全に導《みちび》いてくれる犬だけを見ているわけではない。盲導犬《もうどうけん》を取り巻《ま》く、たくさんのボランティアさんのことを決して忘《わす》れることはなかった。

それらの人々の力を借りて、望月《もちづき》さんと森山《もりやま》さんは、これからもずっと盲導犬《もうどうけん》と歩き続けていくのだろう。自分の夢《ゆめ》をあきらめることなく、追い続けていけるのだろう――。

盲導犬《もうどうけん》が成す功績《こうせき》は、あまりにも大きい。その大きさを知れば知るほど、「自分に何ができるのか」が、わたしたちひとりひとりに問われてくる。

わたしが森山《もりやま》さんにお話を聞いたのは、横浜《よこはま》の喫茶店《きっさてん》だった。

その日の夕方、森山《もりやま》さんは、「大好きなミュージシャンのコンサートに行く」といって、ドーラとはずむように駅に向かって歩き出した。

週末のJR《ジェイアール》横浜《よこはま》駅構内《こうない》は、人でごった返していた。その中をわたしより速く、ドーラと森山《もりやま》さんは人の波をぬって、すいすいと歩いていく。エスカレーターに乗り、駅の改札をぬけ、あっという間に人ごみの中にとけこんでいった。

その姿《すがた》は、まさに一心同体だった。

本書の中の訓練士さんの言葉がよみがえる――。

「盲導犬《もうどうけん》との歩行は、犬とユーザーさんの共同作業なんです」

森山《もりやま》さんとドーラ、そして、本書の中で紹介《しょうかい》した望月《もちづき》さんとコナンの歩行は、ふたりでつくり上げた、まさに「共同作業」である。

本書の読者のみな様には、盲導犬《もうどうけん》との歩行とはどういうものか、その盲導犬《もうどうけん》の育成にどれだけの人たちが関わっているのか、そして、盲導犬《もうどうけん》と歩くユーザーさんを街で見かけたら何をすべきなのか、今一度、考えていただけたら幸いである。


最後に、このたびの取材では、実に多くの方々にご協力いただきました。

本書に登場してくださったみな様、そして、おいそがしい中、取材協力をいただきました「公益財団法人《こうえきざいだんほうじん》　日本盲導犬協会《もうどうけん》」のみな様には、この場を借りて心からお礼申し上げます。

２０１７年９月吉日《きちじつ》
今西乃子《いまにしのりこ》

著者

今西乃子（いまにし　のりこ）

大阪府岸和田市生まれ。航空会社広報担当などを経て、児童書のノンフィクションを手がけるようになる。

執筆のかたわら、愛犬を同伴して行う「命の授業」をテーマに小学校などで、出前授業を行っている。

日本児童文学者協会会員
著書に『ドッグ・シェルター　犬と少年たちの再出航』『犬たちをおくる日　この命、灰になるために生まれてきたんじゃない』『命を救われた捨て犬 夢之丞　災害救助 泥まみれの一歩』（金の星社）、『命のバトンタッチ』『しあわせのバトンタッチ』（岩崎書店）他多数。

公式サイト　http://www.noriyakko.com/

写真

浜田一男（はまだ　かずお）

1958年、千葉県生まれ。東京写真専門学校（現東京ビジュアルアーツ）卒業。1984年にフリーとなり、1990年写真事務所を設立。第21回日本広告写真家協会（APA）展入選。

『小さないのち　まほうをかけられた犬たち』(金の星社)ほか、企業広告・PR及び雑誌・書籍の撮影を手がける。数点の著書の写真から選んだ「小さな命の写真展」を各地で開催。

ノンフィクション　知られざる世界
光をくれた犬たち　盲導犬の一生

今西乃子／著
浜田一男／写真

取材協力／公益財団法人日本盲導犬協会

初版発行　2017 年 9 月　第 8 刷発行　2022 年 6 月

発行所　株式会社 金の星社
〒 111-0056　東京都台東区小島 1-4-3
TEL. 03（3861）1861（代表）　FAX. 03（3861）1507
https://www.kinnohoshi.co.jp
振替　00100-0-64678

編集協力／ニシ工芸株式会社（渋沢瑶）・青木こずえ
装丁デザイン・DTP ／ニシ工芸株式会社（小林友利香）
印刷／株式会社 広済堂ネクスト
製本／東京美術紙工

166 ページ　22cm　NDC916　ISBN978-4-323-06094-1

乱丁・落丁本は、ご面倒ですが小社販売部宛にご送付ください。
送料小社負担にてお取り替えいたします。